Kim & Krickitt Carpenter
Dana Wilkerson

FÜR IMMER **LIEBE**

Über die Autoren

Kim und Krickitt Carpenter sind mittlerweile seit ca. 25 Jahren verheiratet und haben zwei Kinder. Ihre Geschichte ging um die Welt – sie traten in zahlreichen TV-Shows auf und gaben Interviews für Zeitschriften. 2012 kam der Film in die Kinos, der durch ihr Leben inspiriert ist.

KIM & KRICKIT CARPENTER
DANA WILKERSON

Für immer Liebe

Sie verliert ihr Gedächtnis.
Er kämpft neu um ihr Herz.

Aus dem Englischen von Eva Weyandt

Der Verlag weist ausdrücklich darauf hin, dass im Text enthaltene Links nur bis zum Zeitpunkt der Buchveröffentlichung eingesehen werden konnten. Auf spätere Veränderungen hat der Verlag keinerlei Einfluss. Eine Haftung des Verlags ist daher ausgeschlossen.

Die amerikanische Originalausgabe ist im Verlag
B&H Publishing, Nashville, Tennessee, USA erschienen
unter dem Titel „The Vow".
© 2011 by Kim & Krickitt Carpenter
© 2012 der deutschen Ausgabe Gerth Medien GmbH, Asslar

Für die Bibelzitate wurde folgende Übersetzung verwendet:

Hoffnung für alle® entnommen, Copyright © 1983, 1996, 2002 by Biblica, Inc.®. Verwendet mit freundlicher Genehmigung des Herausgebers Fontis – Brunnen Basel.

1. Sonderauflage 2019
Bestell-Nr. 817566
ISBN 978-3-95734-566-0

Umschlaggestaltung: Hanni Plato
Illustration: Shutterstock
Satz: Apel Verlagsservice, Bad Fallingbostel
Druck und Verarbeitung: GGP Media GmbH, Pößneck
Printed in Germany
www.gerth.de

DANK

Wir danken unseren Familien für ihre Liebe und Unterstützung. Ohne euch hätten wir nicht den Antrieb gehabt weiterzumachen.

Wir danken unseren Freunden. Ihr wart für uns da, habt uns unterstützt und bedingungslose Liebe entgegengebracht.

Unseren Kindern Danny und LeeAnn. Wir sind stolz auf euch. Bemüht euch darum, immer das Richtige zu tun, mit all eurer Kraft. Eure Eltern werden euch immer lieben und für euch da sein.

Unserem Herrn Jesus Christus, der uns schützt und Gnade schenkt und uns mit Frieden beschenkt. Du wendest dich niemals ab, wenn wir sündigen. Dein Opfer für uns lässt sich mit Worten nicht beschreiben. Du hast uns das ewige Leben geschenkt, und deine Liebe wird uns immer begleiten.

INHALT

Prolog 9
Vorwort: Das Versprechen 11

1 Liebe auf den ersten …:
   Die Frau mit der wunderbaren Stimme 13
2 Im Bruchteil einer Sekunde:
   Der Tag, der alles veränderte 35
3 Ein modernes Wunder:
   K(l)eine Chance – großer Gott 55
4 In der Reha-Klinik: „Ich gebe nicht auf!". 75
5 Immer weiter: „Ich kenne dich nicht!" 95
6 Eine neue Welt: „Wer ist diese Frau?" 119
7 Die zweite Chance: Unsere neue Liebe 141
8 Ein neues Leben: Wie es weiterging … 167

Nachwort: Medienrummel
Unsere Geschichte geht um die Welt 175
Dank 189

DEZEMBER 1993

„Krickitt", begann der Therapeut mit beruhigender Stimme, „wissen Sie, wo Sie sind?"

Krickitt dachte einen Augenblick lang nach, bevor sie antwortete: „In Phoenix."

„Das stimmt, Krickitt. Wissen Sie, welches Jahr wir haben?"

„1965."

Sie wurde doch erst 1969 geboren, dachte ich. Panik erfasste mich. *Das ist nur ein kleiner Rückschlag – kein Grund zur Sorge*, versuchte ich mir einzureden.

„Krickitt, wie heißt Ihre Mutter?", fragte der Therapeut weiter.

„Mary", erwiderte sie, ohne zu zögern … und ohne jegliche Gefühlsregung.

Jetzt kommen wir doch weiter. Danke, Gott!

„Ausgezeichnet, Krickitt. Und Ihr Vater?"

„Gus."

„Das stimmt. Sehr gut." Er hielt kurz inne, bevor er fortfuhr: „Krickitt, wer ist Ihr Mann?"

Krickitt blickte mich mit ausdruckslosen Augen an. Ihr Blick wanderte zu ihrem Therapeuten zurück. Eine Antwort gab sie nicht.

„Krickitt, wer ist Ihr Mann?"

Krickitt blickte erneut zu mir hinüber und wieder zu ihrem Therapeuten. Bestimmt hörten alle mein Herz klopfen, während ich stumm und in tiefer Verzweiflung auf die Antwort meiner Frau wartete.

„Ich bin nicht verheiratet."

Nein! Gott, bitte!

Der Therapeut versuchte es erneut. „Doch, Krickitt, Sie sind verheiratet. Wer ist Ihr Mann?"

Sie zog die Stirn kraus. „Todd?", fragte sie.

Ihr früherer Freund aus Kalifornien? Hilf ihr, sich zu erinnern, Gott!

„Krickitt, bitte denken Sie nach. Wer ist Ihr Mann?"

„Ich habe es Ihnen doch gesagt. Ich bin nicht verheiratet."

VORWORT:
DAS VERSPRECHEN

Ich bin kein Held. Ich habe Fehler gemacht wie jeder andere, und ohne meinen Glauben und mein Vertrauen in Gott wäre ich heute nicht der, der ich bin.

In dieser Geschichte geht es nicht um mich und nicht um meine Frau Krickitt. Es geht um Gott und wie er meine Frau und mich durch eine schreckliche Zeit zu einem Leben geführt hat, das schöner ist, als wir es uns je erträumt hätten. Es geht um Hingabe, nicht nur an Gott, sondern auch an die Menschen, die wir lieben.

Während Sie dieses Buch in den Händen halten, ist Ihnen sicher bewusst, dass Sie in Ihrem Leben nicht vor Schwierigkeiten und Tragödien verschont bleiben. Aber Sie können Kraft finden in Gott. Wenn etwas in Ihrem Leben fehlt, suchen Sie ihn. Wenn Sie einmal mit ihm gelebt haben und er jetzt weit entfernt scheint, dann fragen Sie sich, wer sich wohl fortbewegt hat. Er ist immer da. Gehen Sie zu ihm. Er liebt Sie mit einer ewigen Liebe. Und wenn Sie seinem Wort folgen, können Sie Ihre Versprechen halten.

Meine Frau und ich hatten uns so ein Versprechen gegeben. Wir wollten uns lieben und achten. Für immer.

Kim Carpenter

1
LIEBE AUF DEN ERSTEN ...:
DIE FRAU MIT DER WUNDERBAREN STIMME

„Guten Morgen. Vielen Dank, dass Sie bei Jammin Sportbekleidung anrufen. Sie sprechen mit Krickitt."

Als ich an jenem Morgen im Jahr 1992 in diesem Sportgeschäft anrief, hatte ich mich darauf eingestellt, eine gelangweilte Mitarbeiterin des Kundenservice am Telefon zu haben, die nur widerwillig den Telefondienst übernahm. Aber ich wurde überrascht. Als Krickitt „Guten Morgen" sagte, hörte sich das an, als meinte sie es auch so. Sie klang munter und euphorisch.

„Hallo Krickitt", antwortete ich, „ich bin Coach Kim Carpenter von der Highlands Universität in Las Vegas. Ich rufe an wegen der Baseball-Trainerjacken aus Ihrem Katalog ..."

Dieses erste Gespräch mit Krickitt bot keinesfalls den Stoff, aus dem Filme gemacht werden. Doch obwohl sich unser Gespräch ausschließlich um Preise und Farben drehte, wuchs mein Interesse an dieser Frau mit dem einzigartigen Namen von Minute zu Minute. Sie war so erfrischend freundlich und hilfsbereit, dass ich einfach das Gefühl hatte, mein Tag wäre allein durch dieses Gespräch mit ihr viel schöner.

Unser Telefonat ging zu Ende, doch ich konnte den Gedanken an dieses Mädchen nicht mehr aus meinem Kopf vertreiben. Sie hatte so etwas an sich, das anders und ganz besonders war. Ich konnte es nicht richtig erklären ...

Einige Tage später rief ich noch einmal in dem Laden an, um noch weitere Informationen einzuholen. „Guten Morgen", hörte ich. „Schön, dass Sie bei Jammin anrufen. Sie sprechen mit Keri." *Hmm ... Keri. Nicht die Stimme, die ich gern gehört hätte.* Sehr schnell musste ich mir eingestehen, dass ich nicht angerufen hatte, um mich nach den Jacken zu erkundigen, sondern aus einem anderen Grund. Keri schien sehr nett zu sein, aber eigentlich wollte ich mit Krickitt reden. Irgendwie musste ich das deichseln, und so überlegte ich fieberhaft, was ich sagen sollte.

„Hallo Keri, ich hatte mit Krickitt über ein bestimmtes Jackenmodell gesprochen."

„Einen Augenblick bitte." Während ich wartete, spürte ich, wie sich mein Herzschlag beschleunigte.

„Hallo, hier spricht Krickitt. Was kann ich heute für Sie tun?"

„Hallo Krickitt. Hier spricht Coach Carpenter von der Highlands Universität. Ich hatte neulich eine Jacke bestellt."

Während Krickitt die passenden Unterlagen heraussuchte, hatte ich ein paar Sekunden Zeit zum Nachdenken. Was hatte diese Krickitt an sich, dass ich mich ganz plötzlich in einen nervösen, liebeskranken Teenager verwandelt hatte? Sie war doch nur eine Verkäuferin, die ihren Job machte, und außerdem wohnte sie in Kalifornien, *also weit weg*. Schnell schob ich diese Gedanken beiseite, während ich sie um einige Farbmuster bat, bevor ich das Gespräch beendete.

Als die Muster eintrafen, breitete ich sie auf dem Tisch aus. Meine Gedanken wanderten in eine unerwartete Richtung. *Hat sie diese Farben selbst ausgesucht? Hatte sie die Muster in der Hand gehalten? Hey, Moment mal!*, unterbrach ich meine eigenen Gedanken. *Beruhige dich!* Ich konnte nicht so ganz begreifen, was mit mir geschah, oder *warum* es geschah. Schließlich war ich doch ein erwachsener Mann!

Ich schob diese Gedanken beiseite. Trotzdem war ich ungewöhnlich versessen darauf, mit einer bestimmten Verkäuferin zu sprechen, als ich anrief, um eine Jacke in Dunkelrot und Grau zu bestellen.

„Guten Morgen. Vielen Dank, dass Sie bei Jammin anrufen. Sie sprechen mit Krickitt." *Erfolg!*

„Hallo Krickitt, hier ist Coach Carpenter. Ich ..."

„Coach Carpenter!" Sie unterbrach mich mit einer Begeisterung, die mich verblüffte. Denn immerhin wusste sie doch, dass es bei meiner Bestellung nur um eine Jacke ging. „Wie schön, von Ihnen zu hören."

Ich fragte mich, was für sie wohl „schön" daran war. Ging es ihr um die Bestellung oder vielleicht um mich? Ich bemühte mich, herauszufinden, ob mehr als professionelle Freundlichkeit in dieser Stimme lag, die ich einfach nicht mehr aus dem Kopf bekommen konnte.

Ich bestellte also wie erwartet die Jacke. Dann orderte ich noch ein anderes Modell. Diese Jacke fand so großen Anklang in der Mannschaft, dass meine Trainer-Kollegen auch eine haben wollten, also bestellte ich noch einige nach.

Zwei Monate waren vergangen seit jenem ersten Gespräch mit meiner Lieblingsverkäuferin, und mittlerweile unterhielten wir uns über Gott und die Welt, über Dinge, die nichts mit dem Geschäftlichen zu tun hatten. Und an einem Tag gegen Ende eines Telefonats erwähnte Krickitt, dass sie an dem Tag, an dem ich mich nach einem Auftrag erkundigen wollte, nicht arbeitete, darum gab sie mir ihre Privatnummer.

Danach rief ich Krickitt zu Hause an, und es dauerte nicht lange, bis wir nicht mehr so taten, als ginge es bei den Anrufen um Sportkleidung, sondern wir nutzten die Zeit, um uns besser kennenzulernen. Nicht selten dauerten unsere Telefongespräche über eine Stunde. Egal, wie lange wir miteinander redeten, wir trennten uns jedes Mal nur widerwillig voneinander, obwohl meine Telefonrechnung von einem ganz geringen Betrag pro Monat in schwindelnde Höhen schoss. Fünfhundert Dollar waren keine Seltenheit. E-Mail und SMS waren noch nicht verbreitet, und nur wenige Menschen besaßen überhaupt ein Handy. Krickitt und ich wohnten in unterschiedlichen Bundesstaaten, aber diese Unannehmlichkeiten und die Kosten waren mir egal. Diese Frau war es mehr als wert.

* *
 *

Irgendwann erfuhr ich, wie Krickitt zu ihrem einzigartigen Namen gekommen war. Ihr Vorname ist eigentlich Krisxan (ausgesprochen „Kris-Ann"), ein Name, der auf griechische Vorfahren schließen ließ. Der Spitzname Krickitt entstand, als ihre Großtante meinte, die zweijährige Krisxan könnte keine Sekunde still sitzen und hüpfe immerzu herum – „like a cricket" – wie eine Grille.

Krickitt war ein Energiebündel und sehr sportlich. Boden- und Geräteturnen waren Krickitts Leidenschaft, seit sie alt genug war, um über einen Schwebebalken zu balancieren. Noch bevor sie ihren Namen schreiben konnte, beherrschte sie einen Handstandüberschlag rückwärts! Ich hielt mich für einen leidenschaftlichen Sportler, aber Krickitt stellte mich mit ihrer Begeisterung noch weit in den Schatten.

Obwohl sich viele unserer ersten Gespräche um Sport drehten, vergeudete Krickitt keine Zeit, um über Gott zu sprechen und das Leben als Christ. Nach etwa zwei Monaten schrieb sie Folgendes: „Du hast gesagt, ich könnte dich alles fragen. Ich will ehrlich sein, Kimmer. Du weißt, dass ich Christ bin. Christ zu sein bedeutet, eine sehr persönliche Beziehung zu Jesus Christus zu haben. Ich glaube, ich habe mich diese ganze Zeit gefragt, ob du auch Christ bist – ob du die Entscheidung getroffen hast, Christus dein Leben anzuvertrauen. Er hat die Strafe für deine Sünde getragen und will dir ewiges Leben schenken, wie er es versprochen hat. Wir brauchen ihn nur darum zu bitten."

Der Glaube war für sie das Wichtigste im Leben, und egal, was sie für mich empfand, sie wollte meine geistliche

Einstellung kennenlernen, bevor sie sich auf eine Beziehung mit mir einließ. Wir tauschten uns über diesen Teil unseres Lebens aus und stellten fest, dass wir beide in ungefähr demselben Alter zu Christus gefunden hatten. Doch von diesem Punkt an war unsere geistliche Reise in unterschiedliche Richtungen verlaufen.

Ich war vierzehn Jahre alt, als ich im Haus eines Freundes von Jesus erfuhr. Dass Christus für mich gestorben war, um mir meine Schuld zu vergeben, war für mich die wunderbarste Nachricht, die ich je gehört hatte. Ich war so aufgeregt, dass ich es kaum erwarten konnte, meinen Eltern zu Hause davon zu erzählen. Doch als ich mit ihnen über meine Gefühle sprach, teilten sie meine Begeisterung ganz und gar nicht.

Meine Eltern gingen zwar zur Kirche, aber ich glaube, sie haben nie gefühlt, was ich in diesem Augenblick empfand. Wir hatten nie regelmäßig die Messe besucht, allerdings nahm Oma Helen uns immer mit, wenn sich die Gelegenheit dazu bot. Bei unseren Gesprächen in der Familie war Religion kein Thema. Doch die Botschaft von Christus hatte mich berührt. Es war ein langer Prozess, doch mit der Zeit lernte ich Jesus als meinem Erlöser aus tiefstem Herzen zu vertrauen und zu folgen.

Krickitt erfuhr durch ein kleines Büchlein mit dem Titel *Die vier geistlichen Gesetze* von Jesus. Seine Botschaft begeisterte sie und weckte ihre Neugier, und sie beschloss von einem zum anderen Augenblick, ihr Leben Christus anzuvertrauen und ihm nachzufolgen. Aber niemand erfuhr, dass sie an jenem Tag diese wichtige Entscheidung getroffen hatte, die ihr Leben von Grund auf verändern würde. Damals wusste sie selbst noch nicht so richtig, was diese Entscheidung für ihr Leben und die Ewigkeit bedeutete. Sie behielt ihre Entscheidung für sich und schloss sich damals auch keiner Kirche an.

Während ihres Studiums fand sie schließlich den Weg in eine Gemeinde. Dort wurde ihr geistliches Leben entscheidend geprägt. Im Sommer 1991 nahm sie an einer Missionsreise ihrer Gemeinde nach Ungarn teil. Diese neun Wochen empfand sie als große Chance, die Gott ihr schenkte, um anzufangen, ihre Zeit und Energie für ihn einzusetzen, statt sie vor allem in den Sport zu investieren.

Eigentlich war ich recht zufrieden mit meiner Beziehung zu Gott, doch als ich Einblick bekam in Krickitts Leben, staunte ich nicht schlecht. Der Glaube durchdrang jeden Bereich ihres Lebens. Sie war nicht nur am Sonntagmorgen Christin. Sie war Christin mit Leib und Seele. Und das bewunderte ich an ihr.

Meine Gespräche mit Krickitt wurden zunehmend länger und intensiver. Wir fingen auch an, uns zu schreiben. Bei den Briefen war es wie bei den Telefongesprächen – zuerst schickten wir kurze Karten, aber schon bald konnte es vorkommen, dass Krickitt mir einen zehnseitigen Brief schrieb. Ich kann nur erahnen, wie viele E-Mails wir wohl ausgetauscht hätten, wenn wir diese Möglichkeit damals schon gehabt hätten.

Wie zu erwarten war, überlegten wir irgendwann, ob wir Fotos austauschen sollten. Zu Beginn des Jahres 1993 fanden wir, der Zeitpunkt sei nun gekommen. Damals war es natürlich noch nicht möglich, ein Foto per Mausklick zu versenden. Darum mussten wir die lange, nervenaufreibende Wartezeit auf uns nehmen, bis endlich die Post eintraf. Ich schickte Krickitt einen Medienführer unserer Baseball-Mannschaft, der Highlands Cowboys. Darin war auch ein Foto von mir. Und ich wartete voller Spannung auf das Foto, das dem wunderbaren Mädchen, das ich in den vergangenen Monaten so gut kennengelernt hatte, ein Gesicht geben würde. Ich versuchte mir einzureden, dass ihr Wesen und ihr Herz wichtig waren. Doch gleichzeitig gestand ich mir ein, dass es nicht schaden könnte, wenn sie zudem auch noch attraktiv wäre.

Als der Umschlag von Krickitt einige Tage später in meinem Briefkasten lag, riss ich ihn ungeduldig auf und warf meinen ersten Blick auf eine Frau mit dunklen Haaren, funkelnden blauen Augen und einem fantastischen Lächeln. Ich fand sie absolut umwerfend.

Doch auf dem Foto war noch eine andere Person gewesen. Das war nicht zu übersehen, denn ein Arm lag auf Krickitts Schultern. Wen hatte sie aus dem Foto ausgeschnitten? War das ihr Freund? Auch so ein „besonderer Freund" wie ich? Mein Herz klopfte zum Zerspringen, während mir diese Gedanken durch den Kopf schossen. *Immer mit der Ruhe, Mann*, ermahnte ich mich. *Du bist vorschnell.*

Ungeduldig wartete ich auf den Abend, um von Krickitt

zu erfahren, ob sie mein Foto auch an diesem Tag bekommen hätte, aber ich war ein wenig unsicher, wie sie reagieren würde. Am Abend rief ich sie an. „Ich habe dein Foto bekommen!", verkündete sie. Ich wollte nicht fragen, ob es ihr gefiel, also wartete ich einfach ab, ob sie einen Kommentar dazu abgeben würde. Ich wurde nicht enttäuscht. „Und weißt du was?", sagte sie. „Ich dachte: *Dieser Typ ist wirklich süß.*" Wir lachten. Ich hatte befürchtet, das Gespräch könnte angespannt und schwierig werden, aber so war es nicht.

Ich erwähnte, mir sei aufgefallen, dass sie jemanden aus ihrem Foto ausgeschnitten hätte.

„Ja", erwiderte sie. Wieder wartete ich und fürchtete mich beinahe vor dem, was sie sagen könnte.

„Ich habe meine Freundinnen ausgeschnitten, weil sie sehr hübsch sind!"

Uns beiden war bewusst, was als Nächstes kommen müsste: ein persönliches Treffen. Dies wäre ein äußerst wichtiger Schritt in unserer Beziehung. Denn schließlich kann man sich nur wirklich mit jemandem verbunden fühlen, wenn man sich persönlich begegnet ist. Im Februar 1993 sprachen wir das erste Mal von der Möglichkeit eines Besuchs. Wegen unserer beruflichen Verpflichtungen könnte es allerdings nur ein kurzer Besuch sein. Zu dem Zeitpunkt telefonierten wir mehr als fünf Stunden in der Woche miteinander, und ich dachte mir, dass ein Flugticket kaum teurer wäre als meine Telefonrechnungen. Darum fragte ich Krickitt, ob sie nach Las Vegas kommen und sich ein paar Spiele meiner Mannschaft anschauen wolle. Sie erwiderte, darauf könne sie noch keine Antwort geben. Bevor sie eine Entscheidung träfe, wolle sie darüber nachdenken und beten.

Und das tat sie auch. Jahre später erlaubte mir Krickitt, ihr Tagebuch aus jener Zeit zu lesen. Dort fand ich diesen Eintrag: „Herr, ich brauche deine Weisheit und deinen Geist. Zeige mir, was ich in Bezug auf Kimmer tun soll … Einerseits möchte ich mich mit ihm treffen – ich denke, das wäre bestimmt lustig. Andererseits möchte ich keine Gefühle für ihn entwickeln, wenn das nicht dein Wille ist. Wenn es aber von dir ist, dann zeige es mir bitte. Ich möchte mich von dir führen lassen. In vieler Hinsicht passen wir so gut zueinander, aber du sollst der Mittelpunkt meines Lebens sein."

Schließlich legte mir Krickitt ihre Bedenken in einem ausführlichen Brief dar. Sie wollte sichergehen, dass wir keine unrealistischen Erwartungen entwickelten. Deshalb stellte sie klar, dass wir im Augenblick nur Freunde seien. Ihre zweite Sorge war, dass sie meinen Ruf nicht in Gefahr bringen wollte. Als Trainer war ich ein Vorbild und hatte viel zu verlieren, falls sich die Situation anders darstellte, als sie tatsächlich war – nämlich, dass dies nur ein Treffen zwischen zwei Freunden war.

Nachdem wir zwei Monate hin und her überlegt hatten, beschloss Krickitt, nach New Mexico zu kommen. Ich reservierte ein Zimmer für sie in einem Hotel ganz in der Nähe meiner Wohnung. Dass Krickitt in jeder Hinsicht auf den Mann warten wollte, den sie einmal heiraten würde, respektierte ich. Mir war klar, dass ich ihr von meiner

Vergangenheit erzählen müsste, da ich es in diesem Punkt nicht so genau genommen hatte. Darüber wäre sie bestimmt enttäuscht. Aber in dieser Angelegenheit Klarheit zu schaffen war wichtig, und Außenstehende sollten keinesfalls den Eindruck bekommen, wir würden die Nacht miteinander verbringen.

Ich fuhr nach Albuquerque, eine Fahrt von zwei Stunden, um sie am Flughafen abzuholen. In jener Zeit – lange vor dem 11. September – durfte man im Flughafen noch ungehindert in den Sicherheitsbereich. Ich konnte sie also am Gate abholen. Ich erkannte sie sofort: in der Sekunde, als sie aus dem Jetway kam. Natürlich hatte ich ihr Foto, ich wusste also, nach wem ich Ausschau hielt. Aber ich glaube, ich hätte sie auch erkannt, wenn ich nicht gewusst hätte, wie sie aussah. Wir hatten so viele Gemeinsamkeiten, und unsere Freundschaft war einfach wundervoll. Auf dem Foto fand ich sie schon sehr attraktiv. Aber als sie dann in natura vor mir stand, war ich doch perplex, wie gut sie aussah. Nach all diesen ausführlichen Telefonaten hatte ich nun nach langem Warten endlich den Menschen vor mir, der zu dieser unglaublichen Stimme gehörte. An diesem Wochenende hatten wir Zeit füreinander und brauchten uns keine Sorgen wegen der Telefonrechnung zu machen. Wir redeten die ganze Zeit beinahe ohne Pause. An jenem ersten Abend erzählten wir uns von unserer Kindheit, unseren Familien, unseren Jobs. Wir sprachen über unsere Liebe zum Sport, unsere Freunde, unsere ungewöhnliche Fernfreundschaft. Aber vor allem sprachen wir über unseren Glauben. Ich hatte ja bereits eine Ahnung davon, dass sie in ihrem Glauben sehr viel reifer war als ich, aber das ließ sie mich nicht spüren. Sie spielte ihre Überlegenheit nicht aus, sondern machte mir Mut, Gott noch besser kennenzulernen und ihm von ganzem Herzen nachzufolgen. Sie wusste ganz genau, wer sie war und wer Gott war.

Nach vielen Stunden hielten wir beide gleichzeitig inne, um Luft zu holen. In der Stille schaute Krickitt aus dem Fenster. Ich bemerkte Verwunderung auf ihrem Gesicht, als sie nach draußen deutete. Ich folgte ihrem Blick und stellte verwundert fest, dass die Sonne schon wieder aufgegangen war. Wir hatten die ganze Nacht geredet und dabei die Zeit ganz vergessen.

Am folgenden Tag sah sich Krickitt die beiden Spiele meiner Mannschaft an. Wir verloren beide Spiele. Am Abend unterhielten wir uns wieder. Nach dem Ausgang der Spiele war ich nicht besonders fröhlich. Meine Stimmung besserte sich auch nicht, als ich Krickitt von meiner Mutter erzählte, die an einer schweren Krankheit litt. Doch aus irgendeinem Grund hatte ich das Gefühl, mich Krickitt öffnen zu können, wie bisher keinem anderen Menschen. Sie verstand mich und ging sehr einfühlsam auf mich ein. So etwas hatte ich bisher noch nie erlebt. In diesem Augenblick war mir klar, dass unsere Freundschaft etwas Besonderes war. Diese Frau wollte mich kennenlernen, wollte an meinen Sorgen, Problemen und Ängsten teilhaben, und mir ging es genauso.

Ich war verblüfft, als Krickitt mir plötzlich einen Geschenkkarton reichte. In der Schachtel lag eine wunderschöne neue Bibel. Mein Name war eingraviert. Mir fehlten die Worte. Bis ich einen Dank murmeln konnte, hatte Krickitt bereits das Buch Hiob aufgeschlagen.

„Das Leben ist nicht fair; aber daran können wir nichts ändern", sagte sie leise und voller Überzeugung. „Jeder erlebt mal Zeiten, wo er das Gefühl hat, von Gott verlassen zu sein. Doch er ist immer da, er bringt dich immer näher zu ihm, auch wenn deine Mutter sehr krank ist und dein Team nicht gut gespielt hat."

Krickitt begann zu lesen: „Im Land Uz lebte einmal ein Mann namens Hiob. Er war ein Vorbild an Rechtschaffenheit, nahm Gott ernst und hielt sich von allem Bösen fern ..." Wir unterhielten uns über die schrecklichen Ereignisse, die über Hiob hereinbrachen. Wir stellten die Fragen, die sich einem angesichts der Situation des Mannes, der alles verloren hat, aufdrängen. Wie konnte Gott zulassen, dass einem so rechtschaffenen Mann so schreckliche Dinge zustießen? Und, vom menschlichen Standpunkt aus vielleicht noch wichtiger, warum warf Hiob nicht das Handtuch und wandte sich von Gott ab?

Noch ahnten wir nicht, dass uns schon bald auch viel Leid treffen würde ...

Wir lasen abwechselnd weiter im Buch Hiob und redeten über vieles, was uns dabei durch den Kopf ging. Die Zeit verging wie im Flug, während wir uns in die unfassbare Geschichte eines Mannes vertieften, der auch in dieser unvorstellbaren Tragödie an seinem Glauben festhielt. Am Ende der Geschichte freuten wir uns mit Hiob, als Gott seinen Glauben reich belohnte.

Irgendwann mitten in der Nacht schliefen wir beide auf der Couch ein. Am nächsten Tag flog Krickitt nach Kalifornien zurück ... und ich hatte Mühe, beim Training meiner Mannschaft die Augen offen zu halten.

Später erfuhr ich, dass Krickitts Mitbewohnerin Lisa, die sie am Freitag zum Flughafen gebracht hatte, zu ihr sagte, sie hätte irgendwie das Gefühl, dass dies ein Abschied für immer wäre. Und als Lisa sie nach dem Wochenende wieder abholte, war für sie offensichtlich, dass es nur noch eine Frage der Zeit wäre, bis Krickitt auszog.

Zweifellos tuschelten einige unserer Freunde hinter vorgehaltener Hand über unser „gemeinsames Wochenende", vor allem, da Krickitt ihr Hotelzimmer gar nicht benutzt hatte. Aber an diesem Wochenende war nichts geschehen, das wir nicht unseren Müttern hätten erzählen können. Unsere gemeinsame Zeit war belebend, aufregend und überwältigend, aber ich habe sie nicht einmal geküsst! Ob Sie es glauben oder nicht, ich habe es nicht einmal probiert. Das war nicht der Sinn dieses Wochenendes.

Als ich ein paar Tage später meine Post hereinholte, fand ich eine Dankeskarte von Krickitt. Sie war so wunderschön, und ich vermisste sie umso mehr. Mich verblüffte, mit welcher Überzeugung sie schrieb und wie ähnlich ich fühlte. Sie schrieb Folgendes:

Kimmo,
ich denke gern zurück an dieses Wochenende. Wir haben so viel gelacht und geweint – es war einfach wundervoll. Ich hätte nie gedacht, dass wir so viel gemeinsam haben! Es war

schön, dich an diesem Wochenende besser kennenzulernen. Für mich war es ein großes Geschenk, dass ich den richtigen Kim Carpenter sehen konnte. Du hast mich beeindruckt. Deine Freundlichkeit, Sanftheit, Demut, Verrücktheit und Einzigartigkeit haben mich in ihren Bann gezogen. Dass du dich mir geöffnet und mir anvertraut hast, wer du bist und was du durchgemacht hast, bedeutet mir sehr viel.

Und ich staune auch immer noch über den Inhalt von einigen unserer Gespräche. Ich habe sehr viel für unser gemeinsames Wochenende gebetet, dass wir die Nähe des anderen genießen können und gute Gespräche haben. Nun, ich schätze, dieses Gebet hat Gott erhört, nicht? Ich habe viele Fragen in Bezug auf uns. Ich bin neugierig, was geschehen wird. Und ich bin bereit, mich auf diese Beziehung einzulassen und zu sehen, wo sie uns hinführt. Es liegt nicht in unseren Händen, Kimmer. Ich denke, wir können weitergehen ... ich habe Angst, aber Risiko gehört zur Liebe dazu. Ich spüre, dass Gott uns entweder weiterhin die Türen öffnen wird, oder er schlägt sie uns vor der Nase zu. Ich lege unsere Beziehung in seine Hände und vertraue ihm. Danke, dass du so freundlich zu mir warst und mir das Gefühl gegeben hast, etwas ganz Besonderes zu sein.

Kim Carpenter, ich mag und schätze dich.

In Liebe, Krickitt

Philipper, Kapitel 4, Verse 6-9 – lies sie und denke darüber nach.

In der Woche nach Krickitts Abreise telefonierten wir jeden Tag miteinander. Wir konnten einfach nicht genug voneinander bekommen. Am folgenden Wochenende hatte ich ein paar freie Tage, und Krickitt nahm sofort meine Einladung zu einem weiteren Besuch an. Wir redeten, wanderten und machten Ausflüge in die Berge.

Einige Wochen später stand eine Dienstreise nach San Diego an. Ich wollte Spieler für unsere Mannschaft anwerben und konnte der Versuchung nicht widerstehen, diese Reise mit einem Besuch bei Krickitt in Anaheim zu verbinden. Während meines Aufenthalts dort lernte ich ihre Eltern, ihren Bruder, ihre Schwägerin und einige ihrer Freunde kennen. Mit ihren Eltern verstand ich mich auf Anhieb sehr gut. Das war nicht verwunderlich, da unsere gemeinsame Liebe zum Baseball sofort eine Bindung schuf.

Ende Mai flog ich noch einmal nach Kalifornien, dieses Mal jedoch nicht so ganz unbekümmert. Krickitt und ich hatten einige ernste Fragen zu klären. Unsere Gefühle füreinander waren offensichtlich tief und echt, aber liebten wir einander auf eine Art, die nur ein Ziel haben konnte: die Ehe? Meine Liebe zu ihr war sehr groß, aber ich wollte sie aus den richtigen Motiven heraus lieben und mit den richtigen Absichten.

Wir gingen zum Abendessen aus und machten danach einen Spaziergang am Strand bei Del Mar. Dieses Gespräch verlief anders als unsere sonstigen Gespräche, stockend, unterbrochen von langen Phasen des Schweigens. Wir wussten um die Bedeutung dieses Augenblicks. Jedes Wort war besonders und hatte Gewicht.

Es bestand kein Zweifel daran, dass wir eine Entscheidung treffen mussten, wie es mit uns weitergehen sollte. Ich konnte mir nicht mehr vorstellen, ohne Krickitt zu leben, und ich hoffte, dass sie genauso empfand. Aber da waren unsere Jobs und unsere Familien und die vielen Kilometer, die uns voneinander trennten. Erst sechs Wochen waren vergangen, seit wir uns persönlich kennengelernt hatten. Waren wir uns unserer Gefühle tatsächlich so sicher, dass wir bereit waren, unser Leben miteinander zu teilen?

Es gab Augenblicke an jenem Abend, in denen ich dachte, wir müssten einen Schlussstrich ziehen. So wie es war, konnte es nicht bleiben. Wir müssten entweder den nächsten Schritt tun oder unsere Beziehung beenden. Sollten wir getrennte Wege gehen, bevor wir emotional zu stark verbunden waren, oder war es dazu bereits zu spät? Sollte einer von uns umziehen? Sollte Krickitt ihren Job aufgeben? Sollte ich meinen aufgeben? Entscheidungen standen an, und wir brauchten eine Weile, bis wir alles durchgesprochen hatten, während wir Hand in Hand am Strand entlangliefen. Irgendwann ließ einer von uns das Wort Heirat ins Gespräch einfließen, nicht emotional oder aufgeregt, sondern seltsam sachlich, als wäre es die einzig mögliche Lösung unserer Probleme. Wir waren uns einig, dass dies das Ziel war, auf das unsere Beziehung zusteuerte. Aber auch wenn wir beide uns dies wünschten, so war es doch noch nicht beschlossene Sache. Krickitt erklärte mir, ich müsste ihren Vater um ihre Hand bitten.

Zu jener Zeit waren ihre Eltern gerade unterwegs. Aber ich wollte nicht warten, bis sie nach Hause zurückkehrten, darum rief ich sie in ihrem Hotel an. Obwohl ich Krickitts Eltern bereits kennengelernt hatte und wir uns recht gut verstanden hatten, war ich sehr nervös angesichts dieses so wichtigen Gesprächs. Bestimmt ging es mir da nicht anders als anderen Männern in meiner Situation.

Als Krickitts Vater sich am Telefon meldete, tauschten wir einige Höflichkeiten aus und redeten eine Weile über Baseball. Schließlich atmete ich tief durch und kam zum eigentlichen Grund dieses Anrufs.

„Krickitt und ich verstehen uns sehr gut. Ich möchte sie heiraten, aber sie möchte, dass ich zuerst mit Ihnen rede."

„So, möchte sie das?"

„Ja."

„Nun, Kim", sagte Herr Pappas direkt, „wir würden uns sehr freuen, Sie als Schwiegersohn zu bekommen."

Mein Heiratsantrag sollte kreativ sein. Ich kaufte ihr einen Diamantring und telefonierte mit Krickitts Mitbewohnerinnen Lisa und Megan und bat sie um Hilfe. Ihr Wohnkomplex war durch ein besonderes Tor gesichert. Eines der Mädchen sollte mir öffnen, damit ich Krickitt überraschen konnte. Natürlich waren sie gern dazu bereit. Sie öffneten mir das Tor, ohne dass Krickitt etwas mitbekam. In Anzug und Krawatte – obwohl ich eine tiefe Aversion dagegen hege – postierte ich mich im Hof vor ihrer Wohnung und rief nach ihr.

Sie trat auf den Balkon: eine moderne Julia in Shorts und Turnschuhen. Ich hatte Blumen mitgebracht, einen Teddybär, an den ich Luftballons gebunden hatte, und natürlich den Ring. Der ungewöhnliche Anblick verschlug ihr die Sprache, aber nur für einen kurzen Augenblick.

„Was machst du denn hier?", rief sie zu mir herunter.

„Also ... willst du?", rief ich zurück.

Mein Herz sank, als sie vom Balkon verschwand. Aber es dauerte nur eine Sekunde, bis ich sah, wie sie die Treppe hinunterflog.

„Will ich was?", fragte sie erwartungsvoll, als sie vor mir stand.

Ich kniete vor ihr nieder, blickte ihr in die Augen und stellte die wichtigste Frage meines Lebens: „Willst du meine Lebensgefährtin werden? Krisxan, willst du mich heiraten?"

Krickitt schnappte nach Luft und sagte die Worte, auf die ich ungeduldig gewartet hatte: „Ja, ich will."

Ich riss sie in meine Arme und küsste sie. Schließlich lösten wir uns voneinander, und nach einer Pause fragten wir: „Und was machen wir jetzt?"

Mein ursprünglicher Plan war, im kommenden Frühjahr zu heiraten. Krickitt gestand, dass sie nicht so lange warten wollte. Ich stimmte ihr zu und nannte ein früheres Datum: Weihnachten. Aber auch das dauerte ihr noch zu lange. Und so einigten wir uns auf den 18. September, knapp drei

Monate später. An dem Tag würden wir Mann und Frau werden!

Ich kehrte nach Las Vegas zurück, um meine Wohnung für meine zukünftige Frau herzurichten, und Krickitt stürzte sich in die Hochzeitsvorbereitungen. Von Anaheim aus arrangierte sie die Trauung.

Am Abend des 18. Septembers 1993, einem wunderschönen Spätsommerabend in der Wüste Arizonas, stand ich vor gut hundert Hochzeitsgästen, Freunden und Familienangehörigen, am Altar, hielt Krickitts Hand und sprach mein Ehegelübde: „Krisxan, ich liebe dich sehr. Ich danke dir, dass du mich auf so wundervolle Weise liebst, und ich werde diesen kostbaren Augenblick für immer wertschätzen. Ich verspreche dir, dich zu lieben und zu achten. Ich verspreche dir, für dich zu sorgen und dich zu beschützen in Zeiten der Not. Ich verspreche, treu, ehrlich und offen zu sein und deine Wünsche und Bedürfnisse zu erfüllen. Vor allem verspreche ich, der Mann zu sein, in den du dich verliebt hast. Und danke, Jesus, für den Segen, den du mir in Krisxan geschenkt hast. Ich liebe dich."

Krickitts selbst verfasste Antwort erfüllte mein Herz mit Dank und Liebe: „Kimmer, ich liebe dich. Endlich ist der Tag da, an dem ich dir meine Hand zur Ehe reiche. Ich verspreche, dir treu zu sein, dich zu lieben in guten wie in schlechten Zeiten, und dir zuzuhören, wenn du reden möchtest. Ich verspreche, offen und ehrlich und vertrauenswürdig zu sein, und ich verspreche, dich jeden Tag zu unterstützen. Ich fühle mich geehrt, deine Frau zu werden. Ich gehöre dir, Kimmer. Und ich liebe dich."

Nach dem Eheversprechen bat der Pastor meinen Trauzeugen Mike Kloeppel um den Ring. Mike griff in seine Jacke, doch statt des Ringes holte er einen schwarzen, frisch gewachsten Baseballhandschuh hervor. Mike reichte mir den Handschuh; ich zog ihn an und gab Krickitts Vater ein Zeichen, der mich breit angrinste und mir einen Baseball zuwarf. Ich fing ihn auf, warf den Handschuh über meine Schulter Mike zu und zog ein rechteckiges Stück weißes Klebeband von dem Ball ab. Dort, in dem Ball, lag Krickitts Ehering. Die Liebe zum Sport hatte uns zusammengeführt, da fand ich es nur angemessen, unsere gemeinsamen Interessen auf unvergessliche Weise deutlich zu machen.

Die neue Frau Carpenter und ich verbrachten unsere Hochzeitsreise auf Maui, und als wir zurückkehrten, ließen wir uns in Las Vegas in New Mexico nieder. Das neue Schuljahr hatte gerade begonnen. Ich arbeitete wieder mit meiner Baseballmannschaft. Krickitt stürzte sich mit derselben Begeisterung, demselben Geist und Glauben in die Arbeit, die sie zu einer so hervorragenden Verkäuferin gemacht hatten. Während ich es genoss, in meiner alten Umgebung geblieben zu sein, musste meine Frau in einer neuen Umgebung ganz von vorn anfangen. Für Krickitt war das kein Problem. Es dauerte nicht lange, bis sie die Statistik der Mannschaft führte und sich um die Snackbar bei Spielen kümmerte. Sie war immer zur Stelle, wenn Hilfe gebraucht wurde.

Krickitt bekam außerdem einen Job als Fitnesstrainerin. Dort erstellte sie individuelle Fitnessprogramme für

Patienten. Sie war kompetent und freundlich und sehr beliebt, sowohl bei ihren Kollegen als auch bei den Patienten.

Wir beschlossen, über Thanksgiving zu Krickitts Eltern nach Phoenix zu fahren, unser erster Besuch bei ihnen als Mann und Frau. An dem Abend vor unserer Abreise aßen Krickitt und ich zu Abend und kuschelten uns dann vor das Fernsehgerät auf das Sofa. Ich hielt sie im Arm, und sie legte den Kopf an meine Brust. Ganz unvermittelt blickte sie zu mir hoch und fragte: „Bist du glücklich, Kimmer?"

Ich gab dem Drang, sie zu küssen, nach, bevor ich antwortete: „Ich könnte nicht glücklicher sein." Und dann küsste ich sie erneut.

2

IM BRUCHTEIL EINER SEKUNDE: DER TAG, DER ALLES VERÄNDERTE

Ich hob den Kopf und hielt Ausschau nach der Frau, die seit knapp zehn Wochen meine Ehefrau war. Mir war nicht so ganz klar, wie ich das ganze Gepäck für unser erstes Thanksgiving-Wochenende bei Krickitts Eltern so im Auto verstauen sollte, dass noch Platz für uns beide und einen meiner Co-Trainer blieb, den wir am Flughafen in Phoenix absetzen wollten.

„Hey, Krick, brauchst du den ganzen Tag?", rief ich zu unserer offen stehenden Wohnungstür hinüber.

„Schon da", verkündete Krickitt, als sie in der Tür erschien. Fröhlich hüpfte sie über den Bürgersteig auf mich zu, genau wie das Tierchen, mit dem ihre Tante sie vor vielen Jahren verglichen und von dem sie ihren Spitznamen hatte. Wie gebannt sah ich ihr entgegen.

„Ich liebe dich, Kimmer", sagte sie, als sie mich erreichte, plötzlich unerwartet ernst. „Ich liebe dich, Krickitt", antwortete ich. Während Krickitt die letzten Tüten im Kofferraum verstaute, kehrte ich noch einmal in die

Wohnung zurück, um mich davon zu überzeugen, dass wir auch wirklich nichts vergessen hatten, dann schloss ich die Tür hinter mir ab.

Auf dem Weg zum Wagen blitzte in mir der Gedanke auf, wie reich Gott mich doch in den vergangenen Jahren beschenkt hatte: mit einem neuen Job und einer Frau, die ich von ganzem Herzen liebte. Ich konnte kaum glauben, dass unsere Flitterwochen, in denen wir den warmen Sand im Tropenparadies Hawaii genossen hatten, erst zwei Monate zurücklagen. Jetzt wollten wir Thanksgiving feiern, und Weihnachten stand vor der Tür. Die Zeit verging viel zu schnell. Ich wollte jeden Tag genießen und freute mich darauf, an unserem ersten großen Feiertag zusammen mit meiner Frau neue Traditionen für uns zu finden.

„Hey Kimmer, brauchst du den ganzen Tag?" Krickitt gab sich Mühe, ernst zu bleiben. Doch das gelang ihr nicht so recht, und schon bald brach sie in schallendes Gelächter aus. Ich stimmte in ihr Lachen mit ein, als ich mich ans Steuer des Wagens setzte. Ich ließ den Motor an, rollte rückwärts aus der Einfahrt und reihte mich in den Feiertagsverkehr ein.

Eine lange Reise lag vor uns, aber unsere Wohnung in New Mexico war verkehrstechnisch günstig gelegen. Der schnellste Weg führte durch Santa Fe, Albuquerque und Flagstaff bis Phoenix, auf verschiedenen Interstates und Highways. Ursprünglich wollten wir frühmorgens aufbrechen, um vor Einbruch der Dunkelheit bei Krickitts Eltern zu sein. Doch mein Kollege konnte sich erst nach dem Mittagessen freinehmen. Als wir ihn abholten und auf die

I-25 in Richtung Südwesten auffuhren, war es bereits nach vierzehn Uhr. Vor Mitternacht würden wir nicht bei den Schwiegereltern eintreffen, aber das machte Krickitt und mir nichts aus. Schließlich war es unser gemeinsamer Urlaub als Mann und Frau, und solange wir zusammen waren, war alles andere egal.

Wir ließen Santa Fe und Albuquerque hinter uns, doch als wir auf die I-40 nach Arizona auffuhren, hatte ich das Gefühl, eine Grippe zu bekommen. Ich wollte es ignorieren, weil noch eine lange Strecke vor uns lag. Krickitt merkte jedoch, dass es mir nicht gut ging. Sie fragte, ob alles in Ordnung sei. Ich sagte ihr, ich fühle mich nicht besonders, aber das würde sich bestimmt bald geben.

Es wurde nicht besser. Im Gegenteil: Als Krickitt mich schließlich aufforderte, anzuhalten und Medikamente zu besorgen, war ich nicht mehr in der Verfassung, ihr zu widersprechen. Wir steuerten eine Apotheke an und besorgten Medikamente für mich.

„Ich fahre weiter", bestimmte Krickitt. „Es macht mir nichts aus. Du kannst dich auf dem Rücksitz ausstrecken und ein wenig ausruhen."

Mir ging es wirklich schlecht, darum nahm ich ihr Angebot gern an. „Das wäre toll." Seufzend fügte ich hinzu: „Dabei wollte ich doch bei unserem ersten Besuch bei meinen Schwiegereltern Eindruck schinden."

Krickitt warf mir ihr für sie so typisches strahlendes Lächeln zu. Gequält lächelte ich zurück. Sie übernahm das Steuer, unser Mitfahrer setzte sich neben sie auf den Beifahrersitz, und ich streckte mich auf dem Rücksitz aus.

Unser Ford Escort war brandneu, doch nicht so groß, dass ein erwachsener Mann auf dem Rücksitz sich richtig hinlegen konnte. Schließlich fand ich eine relativ bequeme Liegeposition, indem ich meine Beine im Kofferraum ausstreckte, und wartete darauf, dass die Wirkung der Medikamente einsetzte.

Kurz nach achtzehn Uhr verließen wir Gallup, die letzte große Stadt vor der Grenze zwischen New Mexico und Arizona. Die Dämmerung hatte eingesetzt, und es wurde schnell dunkler. Krickitt hatte die Scheinwerfer eingeschaltet. Ich döste ein. Mein Kopf lehnte an der Rückenlehne des Fahrersitzes. Meine Beine stießen gegen die Heckklappe des Wagens.

Plötzlich riss mich ein lauter Schrei aus meinem Dämmerzustand. „Pass auf!" Der Wagen bremste ab und scherte nach links aus. In dem Augenblick, in dem ich mich aufrichtete, spürte ich schon den Aufprall und wurde gegen die Rückenlehne von Krickitts Sitz geschleudert. Nachdem mein Kopf von ihrem Sitz zur Fahrertür gerutscht war, sah ich im Seitenspiegel Scheinwerfer auf uns zukommen. Sie wurden immer größer, und im Bruchteil einer Sekunde füllten sie den ganzen Seitenspiegel aus.

Meine Frau stieß einen markerschütternden Schrei aus.

* * *

Laut Polizeibericht geriet ein weißer Ford Escort am 24. November 1993 gegen 18:30 Uhr etwa 10 Kilometer östlich der Grenze zwischen Arizona und New Mexico in einen Zusammenstoß mit zwei Lastwagen. Spätere Untersuchungen ergaben Folgendes: Der Motor eines roten Lastwagens – der mit einer Ladung Autoersatzteile auf der I-40 in Richtung Westen unterwegs war – begann zu stottern. Zudem war der Ölfilter defekt und deshalb entstand eine große Rauchwolke hinter dem LKW. Als der Motor stotterte, drosselte der Fahrer das Tempo rapide. Krickitt fuhr mit der erlaubten Höchstgeschwindigkeit und holte deshalb schnell auf. Es war bereits stockdunkel. Durch die schwarze Rauchwolke konnte sie die Rücklichter des LKWs nicht sehen. Am Tag hätte sie die Rauchwolke sicherlich schon von weitem bemerkt, doch im Dunkeln war sie quasi unsichtbar.

Obwohl der Lastwagen seine Warnblinkleuchten nicht eingeschaltet hatte, entdeckte Krickitt die Rückleuchten dann doch irgendwann. Sofort trat sie auf die Bremse und scherte nach links aus. Fast im selben Augenblick wurden wir von einem LKW gerammt, der nicht genügend Abstand zu unserem Wagen gehalten hatte.

Der rechte Kotflügel unseres Escort prallte gegen den linken Kotflügel des Lastwagens. Unser Wagen geriet ins Schleudern, und während Krickitt noch versuchte, ihn wieder unter Kontrolle zu bekommen, rammte der LKW die Fahrerseite unseres Wagens. Durch den Aufprall wurde unser Wagen durch die Luft geschleudert. Zehn Meter weiter schlug er auf dem Boden auf, überschlug sich anderthalb Mal und schlitterte auf dem Dach gut dreißig Meter bis zur Böschung.

* * *

Ich kann mich nicht erinnern, nach dem Aufprall irgendetwas gehört oder Schmerzen empfunden zu haben. Allerdings weiß ich noch ganz genau, was mit mir vom Zeitpunkt des Aufpralls bis zu dem Punkt, wo unser Wagen zum Stillstand kam, geschah. Mein Gesicht wurde zwischen dem Fahrersitz und der Wagentür eingeklemmt. Mein Kopf flog zurück, dann wurde ich zur anderen Seite des Wagens geschleudert, wo mein Brustkorb auf den Radschacht prallte. Als Nächstes hatte ich das Gefühl zu schweben. Es erfolgte eine Drehung wie in Zeitlupe. Wie in einer Traumsequenz in einem Film stürzte ich in die Tiefe. Ich sah Funken und dachte, der Wagen stünde in Flammen. Schließlich zog sich noch ein seltsames Kribbeln über meinen Rücken. Dann war alles still.

Einige Sekunden lang war ich zu betäubt, um zu reagieren. Mein Gehirn musste sich erst mal wieder sortieren. Als ich wieder klar denken konnte, kam mir nicht der Gedanke, dass ich verletzt sein könnte. Ich spürte nichts. Ich dachte nur an meine Frau.

„Krickitt!", schrie ich. Doch es kam keine Antwort.

„Krickiiiiitt!!" Mein Gehör war nicht geschädigt, denn ich hörte, dass der Motor noch lief. Aber die Frau, die seit zwei Monaten meine Ehefrau war, antwortete mir nicht. Ich nahm mir ein paar Sekunden Zeit, um mich zu orientieren und wieder zu mir zu kommen. Der Wagen lag auf dem Dach. Das Sonnendach aus Glas war zersplittert. Als der Wagen auf dem Dach über den Asphalt schlitterte, bohrten sich die Scherben auf dem letzten Teil dieser dreißig-Meter-Reise in meinen Rücken.

Erneut schrie ich nach meiner Frau, und während der Klang meiner Stimme verebbte, spürte ich etwas Feuchtes auf meinem Gesicht. Nach dem Ritt, den ich gerade hinter mir hatte, ging ich davon aus, dass ich vermutlich verletzt war und blutete. Ich versuchte, meine Hand an mein Gesicht zu heben, um nach Verletzungen zu tasten. Ich beobachtete, wie meine Hand langsam auf mein Gesicht zukam, losgelöst wie im Traum, als wäre es die Hand eines anderen. Als sie näher kam, entdeckte ich einen roten Fleck darauf, dann noch einen. Die Hand selbst schien nicht verletzt zu sein. Daraus schloss ich, dass das Blut irgendwie aus einem Schnitt an meinem Kopf kommen musste.

Ich versuchte, die Blutstropfen aufzuhalten, indem ich meine Hand von meinem Gesicht weghielt, aber das gelang mir nicht. Das Blut lief mir über den Arm und tropfte schließlich auf die Scherben des Sonnendaches. Irgendwann blickte ich nach oben. Es war ein seltsames Gefühl, alles auf dem Kopf stehend zu sehen. Die Rückenlehnen ragten auf mich herab, Fensterscheiben waren nicht mehr vorhanden.

Mein noch immer verwirrter Geist kam schließlich zu dem Schluss, dass das Blut nicht von mir stammen konnte. Über mir hing meine Frau mit dem Kopf nach unten, gehalten von ihrem Sicherheitsgurt, in ihrem Sitz. Ihre Arme baumelten schlaff herab. Ihre Augen waren geschlossen. Sie rührte sich nicht. Wir waren nur wenige Meter voneinander entfernt, aber ich konnte sie nicht erreichen. Da es dunkel war, konnte ich sie auch nur schemenhaft erkennen und überhaupt nicht einschätzen, wie schwer sie verletzt war. Ganz plötzlich durchzuckte mich der Gedanke, dass sie auch tot sein könnte.

„Krickitt!", brüllte ich laut in der Hoffnung, sie so zu erschrecken, dass sie aufwachte. Ihre Augen öffneten sich zwar nicht, aber sie bewegte sich ein wenig. Dann stieß sie einen langen Seufzer aus. Danach war alles still.

Ich befürchtete, gerade den letzten Atemzug meiner Frau gehört zu haben.

Ich rief erneut ihren Namen und machte Anstalten, mich aus dem Wagen zu befreien, aber ich konnte mich nicht bewegen, und zuerst begriff ich den Grund dafür nicht. Ich war nicht irgendwie eingeklemmt, und durch das Rückfenster hatte ich ungehinderten Blick nach draußen, denn das Glas war vollkommen herausgelöst. Nach wenigen Augenblicken wurde mir klar, dass ich kein Gefühl in den Beinen hatte. Von der Taille abwärts konnte ich mich nicht bewegen.

Meine Nase begann zu jucken, und ich hob die Hand, um mich zu kratzen. Ich berührte eine scharfe Kante. Schockiert musste ich feststellen, dass es der Knochen meiner Nasenwurzel war, wo meine Nase hätte sitzen sollen. Ein Stück weiter unten ertastete ich etwas, das ich für eine schrecklich geschwollene Lippe hielt. Aber ich irrte mich. Es war meine Nase, die in einem Hautfetzen vor meinem Mund hing.

Endlich hörte ich eine Stimme, aber es war nicht Krickitts. „Geben Sie mir die Hand! Ich helfe Ihnen heraus!"

Ich drehte mich zum Fenster und blickte in das Gesicht eines Fremden, unseres persönlichen barmherzigen Samariters.

„Ich kann die Beine nicht bewegen", rief ich zurück.

„Stellen Sie den Motor aus! Dieses Ding kann jeden Augenblick in die Luft fliegen." Nach einem kurzen Augenblick der Verwirrung wurde mir klar, dass der Mann mit unserem Mitfahrer sprach, der auf dem Beifahrersitz gesessen hatte. Irgendwie hatte er sich bei diesem schrecklichen Unfall nur die Schulter ausgekugelt. Obwohl er ein wenig benommen war, hatte er aus dem Wagen aussteigen können, und auf Anweisung des Fremden griff er in den Wagen, um die Zündung auszuschalten.

„Der Schlüssel ist abgebrochen", erklärte er.

„Irgendwie müssen Sie den Motor abstellen!", beharrte der Fremde. Nach einigen verzweifelten Versuchen ließ sich das Zündschloss drehen, und der Motor verstummte.

„Okay, ich komme jetzt rein, um Sie zu holen", sagte der Mann. Er legte sich auf den Bauch und kroch durch das Seitenfenster in den Wagen. Ich hielt mich an seinen Schultern fest, und er packte mich mit einer Hand. Mit der anderen stützte er sich ab, während er sich langsam zurückschob und mich schließlich auf dem Rasenstück neben der Schnellstraße ablegte.

Ein weiteres Fahrzeug hatte angehalten. Ein Ehepaar kam auf uns zu. „Ihr Kinder bleibt im Auto und betet", wies der Mann seine Familie an, bevor er auf unseren Wagen zueilte. Äußerlich gelassen und ohne ein Anzeichen von Panik angesichts des Autowracks, legte er seine Hand auf einen der in die Luft ragenden Reifen und begann zu beten. Seine Frau trat neben mich, um zu sehen, ob sie irgendwie helfen könnte. Sie befürchtete, ich könnte verbluten. Doch dann erkannte sie, dass der größte Teil des Blutes nicht von mir stammte.

Das Ehepaar stellte sich als Wayne und Kelli Marshall vor und bot seine Hilfe an. Im Augenblick aber interessierte ich mich ausschließlich für den Zustand meiner Frau. Ich wollte wissen, ob sie tot war.

Während mein Retter mich in Decken aus seinem Lastwagen wickelte, hielt noch ein zweiter Wagen an, und seine Fahrerin eilte zu mir hinüber. Sie sagte etwas, dann brach sie abrupt ab, und ein Ausdruck des Entsetzens trat auf ihr Gesicht. „Ach du meine Güte! Sie sind ja Danny Carpenters Sohn! Ihre Kusine Debbie ist meine beste Freundin! Ich verständige sofort Ihre Familie", rief die Frau und verließ den Unfallort, um einige Telefonate zu führen.

Staunen erfüllte mich, wie Gott sich bereits um uns kümmerte. Mitten im Nichts, inmitten von Chaos und Zerstörung waren bereits ein Helfer, ein Gebetskämpfer und eine Freundin unserer Familie an unsere Seite geeilt.

Die Fahrer der anderen beiden in den Unfall verwickelten Fahrzeuge und die beiden Passagiere der LKWs waren mit relativ leichten Verletzungen davongekommen. Das konnte man von Krickitt und mir nicht behaupten. Ich war nicht nur körperlich in schlechter Verfassung, ich hatte auch einen Schock erlitten. Meine Gedanken drehten sich ausschließlich um Krickitt, die nur wenige Meter von mir entfernt angeschnallt im Sitz hing und entweder gerade verblutete oder bereits tot war. Ihr Kopf war zwischen dem Lenkrad und dem Dach eingeklemmt, das eingedrückt worden war, als sich der Wagen überschlug. Mir wurde klar, dass ich, wenn ich am Steuer gesessen hätte, auf der Stelle tot gewesen wäre. Denn ich war größer als sie und hätte nach dem Aufprall nicht in den Zwischenraum gepasst. Mein Kopf wäre sofort zerquetscht worden. Aber in Krickitts Fall war klar, dass ihr Sicherheitsgurt erst gelöst werden durfte, wenn ihr Kopf frei geschnitten war, weil sonst ihr Genick brechen würde, falls das nicht bereits geschehen war.

Innerhalb von wenigen Minuten trafen Polizei- und Rettungswagen ein. Krickitt musste aus dem Wagen geschnitten werden, aber die Rettungssanitäter wollten nicht so lange mit der Erstversorgung warten. DJ Coombs, eine Sanitäterin aus dem Team, die noch dazu unter schrecklicher Platzangst litt, kroch in den Wagen, legte Krickitt eine Infusion und maß ihre Vitalwerte, während sie noch in ihrem Sicherheitsgurt hing. Krickitt schien immer wieder in die Bewusstlosigkeit abzugleiten. Ihre Pupillen weiteten und zogen sich abwechselnd wieder zusammen – ein klassisches Symptom für eine schwere Verletzung des Gehirns, wie ich später erfuhr.

Während die Rettungsmannschaft noch mit dem Wagen beschäftigt war, wurden unser Mitfahrer und ich in einen Rettungswagen geschoben. Auf dem Weg ins Krankenhaus in Gallup begannen die Rettungssanitäter meine Verletzungen aufzunehmen. Mein linkes Ohr war fast abgerissen. Meine Nase beinahe abgetrennt. Ich hatte auch noch andere Gesichtsverletzungen, eine Gehirnerschütterung, zwei gebrochene Rippen und eine gebrochene Hand. Später würden die Ärzte noch feststellen, dass auch meine Lunge und mein Herzmuskel verletzt waren.

Auf dem Weg ins Krankenhaus bekam ich den Funkspruch des Rettungsassistenten mit dem Krankenhaus mit: „Wir bringen zwei männliche Unfallopfer, eins in kritischem Zustand, der Zustand des anderen ist ernst. Das dritte Opfer befindet sich noch am Unfallort. Ihr Zustand ist äußerst kritisch." Das klang nicht gut, aber es bedeutete zumindest, dass Krickitt noch am Leben war.

Als wir in der Notaufnahme des Rehoboth-McKinley Christian Hospital in Gallup eintrafen, wurde ich sofort zum Röntgen und zur Computertomografie gebracht. Die Ärzte hatten einen großen Knoten hinter meinem linken Ohr entdeckt, der auf eine Schädelfraktur hindeuten könnte. Mittlerweile war auch Krickitt im Krankenhaus eingetroffen und wurde in einem anderen Bereich der Notaufnahme versorgt. Ich konnte sie zwar nicht sehen, aber ich rechnete nicht mit einem guten Ausgang. Immerhin hatte ich gesehen, wie sie in ihrem Sicherheitsgurt gehangen hatte! Es dauerte eine gute halbe Stunde, bis die Rettungskräfte sie aus dem Autowrack schneiden konnten.

Niemand wollte mir eine Auskunft über Krickitts Zustand geben. Wie ging es ihr? Würde sie überleben? Würde alles wieder gut werden? Ich bekam keine Antworten auf meine Fragen, was ich als schlechtes Zeichen wertete. Später erfuhr ich: Eine der Technikerinnen im Rettungswagen konnte es nicht glauben, dass Krickitt noch lebte, und das einige Stunden nach der Einlieferung ins Krankenhaus. Sie hatte noch nie erlebt, dass ein Mensch ein so massives Schädel-Hirn-Trauma überlebt hatte.

Sobald Krickitt im Krankenhaus ankam, konzentrierte sich das medizinische Personal der Klinik ausschließlich auf sie, worüber ich mich keinesfalls beklagte. Die Rettungsärzte hatten mich provisorisch versorgt. Aber ich weigerte mich, Beruhigungsmittel zu nehmen, und lehnte eine weitere Behandlung ab, bis ich wusste, was mit meiner Frau war. Es dauerte eine ganze Weile, bis ein Arzt zu mir kam. Er gab sich professionell und strahlte Zuversicht aus. Doch als ich ihm in die Augen blickte, sah ich seine Erschöpfung. Er reichte mir einen kleinen Briefumschlag: „Herr Carpenter, es tut mir schrecklich leid."

Wie betäubt starrte ich ihn an. Erst als der Arzt den Raum verlassen hatte, schaute ich mir den Inhalt des Umschlags an. Ich öffnete ihn mit meiner gesunden Hand und ließ den Inhalt in meine gebrochene gleiten. Fassungslos starrte ich auf die Uhr, die ich Krickitt geschenkt hatte, und: ihren Ehering.

Als ich ihr diesen Ring ansteckte, versprach ich, sie in Zeiten der Not zu beschützen. Dies war definitiv eine Zeit der Not, aber ich fühlte mich hilflos. Ich konnte nichts tun, sie nicht beschützen.

Meine Gedanken und Gefühle waren in Aufruhr. Ich hatte Schmerzen, war erschöpft, aber vor allem war ich verärgert, weil ich keine Informationen über Krickitts Zustand bekam. Ganz plötzlich durchzuckte mich der

Gedanke, dass sie vielleicht tot war. Dieser Gedanke schaltete alle anderen aus.

Ich war zu fassungslos, um Trauer zu empfinden. Es war nicht so, dass ich mich weigerte zu glauben, dass meine Frau tot war. Ich *konnte* es einfach nicht glauben. Ich war unfähig, die Möglichkeit in Betracht zu ziehen, dass sich diese blauen Augen vielleicht für immer geschlossen hatten und dass ich ihr Lächeln nie mehr sehen würde. Ich konnte nicht glauben, dass diese fröhliche, begeisterungsfähige Frau so grausam aus meinem Leben gerissen sein sollte. Mein Gehirn weigerte sich einfach, die Vorstellung zu akzeptieren, dass ich nach zwei Monaten Ehe ein Witwer wäre. Ein *Witwer*.

Kurze Zeit später kam eine Schwester, um nach mir zu sehen und mich über Krickitts Zustand zu informieren. „Wir haben getan, was wir konnten, aber ihr Zustand hat sich nicht verbessert", erklärte sie. „Ihr kann kein Arzt mehr helfen." *Ein Arzt vielleicht nicht*, dachte ich, *aber Gott.*

Die Schwester fuhr fort. „Trotzdem hält sie sich besser, als wir erwartet haben. Damit hätten wir nicht gerechnet. Sie ist stark und in ausgezeichneter körperlicher Verfassung. Der Arzt hat einen Rettungshubschrauber angefordert, der sie nach Albuquerque transportiert." Die Tür, die noch vor wenigen Minuten verschlossen und versiegelt gewesen zu sein schien, hatte sich auf wundersame Weise einen kleinen Spalt geöffnet.

Meine Frau sollte in das New-Mexico-Universitäts-Klinikum geflogen werden, das etwa 200 Kilometer entfernt war. Die Besatzung des Rettungshubschraubers rechnete aufgrund ihrer Erfahrungswerte nicht damit, dass meine Frau noch lebend ankäme. Aber das wusste ich damals natürlich nicht. Der Helikopter brauchte eine gute Stunde bis Gallup, der Flug zum Klinikum in Albuquerque dauerte eine weitere Stunde. Bis dahin wäre es vermutlich zu spät. Bis dahin wäre Krickitt tot.

Doch durch die Gnade Gottes gaben die Ärzte des Rehoboth-McKinley Christian Hospital in Gallup Krickitt Carpenter eine Chance. Als sie aus der Notaufnahme zum Helikopter gebracht wurde, sah ich sie zum ersten Mal, nachdem ich Stunden zuvor vom Unfallort fortgebracht worden war. Sie lag auf einer Bahre, umgeben von Ärzten und Schwestern, an Infusionen und Monitore angeschlossen. Der Kopf und das Gesicht meiner Frau waren so geschwollen, dass ich sie kaum erkennen konnte. Ihre Lippen und Ohren hatten sich blau-schwarz verfärbt, und die Schwellung war so schlimm, dass sie ihre Augenlider nicht ganz schließen konnte. Ihre Augen blickten starr nach rechts, und ihre Arme bewegten sich unkoordiniert (ein weiteres Anzeichen für eine schwere Kopfverletzung). Ihre Körpertemperatur war instabil, darum hatte man sie in eine Thermodecke gewickelt. Für mich sah sie aus wie ein Leichensack.

Ich stand von meinem Bett auf und ergriff Krickitts Hände. Sie waren entsetzlich kalt. „Wir werden das gemeinsam durchstehen, Krick", sagte ich zu ihr. „Wir werden es schaffen." Ich lächelte, gleichzeitig aber stiegen die Tränen in mir hoch. „Wag es nicht, mir wegzusterben!", flehte ich, den Mund nur Zentimeter von ihrem Gesicht entfernt. Man hatte ihr eine Sauerstoffmaske angelegt, und ich hörte ihre Atmung, oberflächlich und vorsichtig. „Wir sind für immer zusammen, das weißt du doch? Unser Leben liegt noch vor uns!"

Als die Ärzte sich in Bewegung setzten, um Krickitts Bahre zum Hubschrauberlandeplatz zu schieben, wurde mir plötzlich klar, dass sie nicht die Absicht hatten, mich mitzunehmen. „An Bord befinden sich zwei Rettungsärzte und jede Menge Geräte, die Ihrer Frau eine Überlebenschance geben", erklärte mir jemand. „Für einen Passagier ist kein Platz mehr."

Aber ich war kein Passagier! Ich war ihr Mann! Ich war auch ein Patient, wie mir plötzlich klar wurde, der selbst ziemlich ernste Verletzungen davongetragen hatte. Ich setzte meine ganzen Überredungskünste ein, um zu erreichen, dass der Helikopter noch einmal zurückkam und mich abholte. Aber leider erreichte ich nichts. Man erklärte mir, dass noch zwei Notrufe eingegangen seien, die dringender seien als mein Transport nach Albuquerque. Ich musste diese Entscheidung akzeptieren und gleichzeitig hilflos zusehen, wie meine Frau durch mehrere Schwingtüren zum wartenden Rettungshubschrauber geschoben wurde.

„Halte durch, Krickitt! Ich bete für dich!", rief ich ihr nach, bevor ich meine Tränen nicht mehr zurückhalten konnte. Ohnmächtig musste ich zusehen, wie die Liebe meines Lebens in den Rettungshubschrauber gehoben wurde. Fassungslos stand ich da und starrte nach draußen, während das Rotorengeräusch des Helikopters in der Ferne verklang.

* * *

Seit ich in die Klinik eingeliefert worden war, hatte ich wiederholt versucht, Verbindung zu Krickitts Eltern in Phoenix und meinen Eltern in Farmington im Bundesstaat New Mexico aufzunehmen. Aber es war der Tag vor Thanksgiving, und ich erreichte keinen. Da ich mir keinen anderen Rat wusste, wählte ich schließlich Krickitts frühere Telefonnummer. Dann sprach ich mit ihrer ehemaligen Mitbewohnerin Lisa, die mit Megan zusammen noch in der Wohnung wohnte, die sie früher mit Krickitt geteilt hatten. In aller Eile erklärte ich die Situation und bat sie, Krickitts Eltern zu informieren, dass wir einen Unfall gehabt hätten und dass ich mich bei ihnen melden würde, sobald es ging.

Danach rief ich meinen Chef an der Universität an, den Sportdirektor Rob Evers. Ich erklärte ihm die Situation und bat ihn, meine Eltern ausfindig zu machen. Er versprach mir, sich darum zu kümmern, und machte sich sofort an die Arbeit. Dass ich einen Onkel in Albuquerque mit dem Namen Morris hatte, war ihm bekannt, nicht aber dessen Vorname, denn er kannte nur seinen Spitznamen Corky. Kurz entschlossen rief Rob die Vermittlung an und erklärte die Situation. Er müsse die Familie dringend erreichen. „Normalerweise dürfen wir das nicht", erklärte die Frau von der Vermittlung, „aber bleiben Sie in der

Leitung." Sie rief jede Familie mit Namen Morris in Albuquerque an, bis sie die richtige gefunden hatte.

Onkel Corky hatte die Telefonnummer von einem der Geschäftspartner meines Vaters. Rob rief ihn an, und der konnte Dad schließlich auf seinem Handy erreichen. Er und Mom waren über Thanksgiving bei meinem Bruder Kelly in Roswell in New Mexico. Dad rief sofort zurück. Ich erzählte ihm, dass ein Arzt mir gerade Krickitts Ehering gegeben und gesagt hätte: „Herr Carpenter, es tut mir sehr leid." Ich war frustriert, weil ich nicht wusste, was los war, aber ich würde ihn informieren, sobald es Neuigkeiten gäbe.

Während ich in meinem Bett lag, nachdem der Rettungshubschrauber mit Krickitt abgeflogen war, konnte ich immer noch nicht glauben, dass meine Frau, mit der ich erst seit zwei Monaten verheiratet war, nicht überleben sollte. Sie war so voller Leben und fröhlich. Von ganzem Herzen wollte sie Gottes Willen tun. Erst am Morgen hatte sie in ihr Tagebuch geschrieben. Als ich später den Eintrag las, konnte ich es nicht fassen. Da stand: „Herr, … schenke uns Ausdauer, deinen Willen zu tun. Schenke mir Gelegenheiten, dir zu dienen, dich zu bezeugen, Menschen zu dir zu führen. … Bitte öffne mein und Kimmers Herz, dass wir tun, was dir gefällt." Zu dem Zeitpunkt wussten wir natürlich noch nicht, dass Gott dieses Gebet am selben Abend erhören würde – allerdings auf eine Art, die uns das Äußerste abverlangen würde.

Doch an jenem Abend waren meine Gedanken nicht auf die ferne Zukunft gerichtet. Sie kreisten um die schrecklichen Ereignisse der Gegenwart. Ich rief erneut meinen Vater an. Haltlos schluchzend stieß ich die Worte hervor: „Sie haben Krickitt nach Albuquerque geflogen, und ich durfte nicht mitfliegen. Du musst kommen und mich zu ihr bringen." Überwältigt von den Gefühlen, die mich durchströmten, brach ich zusammen. „Ich muss meine Frau noch einmal sehen, bevor sie stirbt."

3
EIN MODERNES WUNDER: KLEINE CHANCE – GROSSER GOTT

Während mein Vater noch überlegte, wie er mich nach Albuquerque bringen könnte, kamen Krickitts Eltern gerade nach Hause, in ein leeres Haus. Gus und Mary hatten keine Mühen gescheut, damit unser erstes Thanksgiving als Mann und Frau ein ganz besonderes Erlebnis wird. Wegen meiner Termine konnten wir sie zu Weihnachten nicht besuchen, darum wollten sie ihr Heim schon jetzt festlich schmücken. Sie hatten bereits ihre Weihnachtsbeleuchtung angebracht, innen und außen. Da wir erst spät eintreffen würden, hatten sie sich ein Basketballspiel angeschaut.

Krickitts Eltern waren noch ahnungslos, als sie von dem Spiel nach Hause kamen, und als sie das Haus betraten, wusste Mary, dass etwas geschehen war. Es war schon nach Mitternacht, doch unser weißer Escort stand nicht in ihrer Einfahrt. Kurz darauf erfuhren sie die schreckliche Nachricht: Ihre geliebte Tochter und ihr Mann hatten einen Unfall, und es stand nicht gut um sie.

Ich wartete auf einen Anruf von meinem Vater, als Mary sich meldete. Krickitt war auf dem Weg nach Albuquerque, und ich konnte ihr nicht sagen, wie es ihr ging. Ich wusste es ja selbst nicht. Aber ich erinnere mich, dass ich zu ihr sagte: „Es ist schrecklich. Ich kann ohne sie nicht leben." Mary versprach, sich im Krankenhaus nach Krickitts Zustand zu erkundigen. Außerdem würden sie gleich morgen früh mit dem ersten Flugzeug nach Albuquerque kommen.

Zwei Minuten oder zwei Stunden konnten nach dem Gespräch mit Mary vergangen sein, als mein Telefon erneut klingelte. Ich meldete mich und hörte die Stimme meines Vaters. „Junge, wie geht es dir?"

„Ich will zu Krickitt, so geht es mir. Ich bekomme kaum Luft, und mein Rücken bringt mich um. Ich muss sie sehen, Dad." Die Tränen brannten in meinen Augen, aber ich drängte sie zurück, um dieses Gespräch zu führen. Von ganzem Herzen hoffte ich, dass Dad mich irgendwie nach Albuquerque zu meiner Frau bringen könnte.

Er hatte bereits alles in die Wege geleitet. „Hör zu, Junge", sagte er mit ruhiger, beherrschter Stimme, die mir Kraft und Trost vermittelte, „ich setze deine Mutter im Krankenhaus in Albuquerque ab. Dann treffen wir uns am Lastwagenrastplatz in Grants, und ich bringe dich zu Krickitt."

Dads Worte vermittelten den Eindruck, als bräuchte er nur mal eben schnell durch die Stadt zu fahren. Aber in Wahrheit hatten er und meine Mutter gerade eine Strecke von 650 Kilometern quer durch den Bundesstaat New

Mexico zurückgelegt, um meinen Bruder zu besuchen. Jetzt lagen rund 330 Kilometer von Roswell nach Albuquerque vor ihm. Von da aus waren es noch einmal 100 Kilometer nach Grants, das ungefähr in der Mitte zwischen Albuquerque und Gallup lag. Erschwerend kam hinzu, dass in der Nacht ein Sturm aufgezogen war und einige Streckenabschnitte des Highways dick vereist waren.

„Das Problem ist, dass die mich hier vermutlich nicht gehen lassen, wenn du mich nicht abholst. Ich liege in der Notaufnahme, aber bisher wurde ich noch nicht ärztlich versorgt, weil alle Aufmerksamkeit Krickitt galt. Ich bin in einem ziemlich schlechten Zustand, Dad."

„Ich schicke dir Porky, der holt dich ab."

Als ich das hörte, wusste ich, dass alles gut werden würde. Porky Abeda war einer von Dads besten Freunden, ein Bär von einem Mann, der früher Feuerwehrhauptmann in Gallup gewesen war. Er war gut bekannt in der Stadt, und er konnte sehr überzeugend argumentieren. Wenn jemand mich aus dem Krankenhaus holen konnte, dann Porky.

Verständlicherweise waren die Ärzte von meiner Entscheidung, das Krankenhaus zu verlassen, überhaupt nicht begeistert. Eine Schwester argumentierte: „Wir hatten noch keine Gelegenheit, Sie auf innere Verletzungen zu untersuchen. Es ist nicht ratsam, jetzt zu gehen."

„Ich will einfach nur bei meiner Frau sein."

„Bis Sie nach Albuquerque kommen, ist es vielleicht nicht mehr möglich, die Verletzungen an Ihrer Nase und Ihrem Ohr zu behandeln. Und wir können nicht ausschließen, dass Sie noch innere Verletzungen davongetragen haben." Die Schwester hielt inne und blickte mich sehr streng an. „Es ist lebensgefährlich für Sie, das Krankenhaus zu verlassen."

„Das ist mir egal", erwiderte ich. „Wenn Krickitt stirbt, will ich sowieso nicht mehr weiterleben."

Wenn ein Patient gegen ärztlichen Rat das Krankenhaus verlassen will, darf er nur in die Obhut eines Verwandten gegeben werden. Porky sah nicht so aus, als sei er mein Cousin, mein Onkel oder sonst mit mir verwandt. Er ist Vollblut-Navajo, ich sehe wie ein typischer Europäer aus. Keine Ahnung, welche Angaben er im Krankenhaus machte, aber es klappte.

Nachdem die Papiere unterzeichnet waren, packte Porky mich in eine Decke, legte mich auf den Rücksitz seines Wagens und fuhr los in Richtung Grants. Ich versuchte, mich auf dem Rücksitz so zu lagern, dass ich einigermaßen schmerzfrei atmen konnte. Bei jedem Atemzug durchzuckte ein scharfer Schmerz meinen Brustkorb. Ich blickte durchs Fenster nach draußen und beobachtete, wie die Lichter vorbeizogen, während wir über die Interstate brausten. Endlich entdeckte ich am Straßenrand das große Schild, das auf den Lastwagenrastplatz von Grants aufmerksam machte. Wir verließen den Highway, um meinen Vater zu treffen.

Er wartete bereits. Für die Fahrt von Roswell hatte er trotz stellenweise vereister Fahrbahn und zwei weiterer Unfälle – die Unfälle, für die der Rettungshubschrauber gebraucht wurde – nur die Hälfte der normalen Zeit gebraucht. Porky sprang aus dem Wagen, und ich beobachtete, wie Dad auf ihn zuging.

„Wo ist Kim?", hörte ich Dad fragen. Seine Frage wurde gedämpft durch die laufenden Motoren der zahlreichen Lastwagen auf dem Parkplatz. Er blickte zum Wagen und erwartete offensichtlich, dass ich ausstieg und für die Fahrt nach Albuquerque den Wagen wechselte.

„Danny", erklärte Porky ernst, „Kims Zustand ist kritisch. Er kann nicht aus eigener Kraft aus dem Wagen aussteigen."

Als Porky die Tür öffnete, peitschte der eisige Wind ins Auto. Ich fröstelte unter der Decke. Mein Vater sah mir in die Augen, bevor sein Blick über mein zerschnittenes Gesicht, das halb abgetrennte Ohr und meine verstümmelte Nase wanderte. Er erzitterte, und ich wusste: Das kam nicht von der Kälte.

Vorsichtig hoben mich die beiden Männer aus dem Wagen und betteten mich in Dads Wagen. Und schon ging es weiter nach Albuquerque, eine Strecke, für die man normalerweise eine Stunde brauchte. Aber dies war keine normale Fahrt. Sobald wir auf die Interstate aufgefahren waren, beschleunigte mein Vater auf 180 Stundenkilometer.

Zum dritten Mal innerhalb von zwölf Stunden bemühte ich mich um eine bequeme Liegeposition auf dem Rücksitz eines Wagens. Das schien mir nicht gelingen zu wollen. Jeder Atemzug tat weh, und ich schien nie genügend Luft zu bekommen. Tiefe Atemzüge waren einfach nicht mehr möglich.

Bei gefrierendem Regen rasten wir mit Höchstgeschwindigkeit über die Interstate nach Albuquerque. Es gab Augenblicke, wo ich dachte, ich könnte keinen weiteren Atemzug mehr tun. Die gebrochenen Rippen hatten meine Lunge verletzt, und zudem hatte ich das Gefühl, langsam das Bewusstsein zu verlieren.

Während dieser Fahrt sprachen wir nicht viel. Dann und wann fragte Dad: „Junge, alles in Ordnung?"

Meine innere Antwort war immer: *Nein, nichts ist in Ordnung. Meine Frau stirbt, und ich sterbe vielleicht auch. Wir sind doch erst seit zehn Wochen verheiratet, und jetzt wird in wenigen Stunden alles vorbei sein ... falls es nicht bereits vorbei ist.* Aber ich antwortete nur: „Bring mich einfach nach Albuquerque, Dad."

Alle paar Minuten telefonierte Dad mit Mom im Krankenhaus, um sich nach Krickitts Zustand zu erkundigen. Nach jedem Anruf fragte ich ihn, ob es Neuigkeiten gäbe. „Sie wird noch ärztlich versorgt", lautete jedes Mal die Antwort. Erst später erfuhr ich, dass Dad bereits von Roswell aus im Krankenhaus angerufen und die Mitteilung bekommen hatte, dass Krickitt die Nacht vermutlich nicht überleben würde.

Ich machte mir keine Illusionen, und mir war bewusst, dass Dad mir nicht alles sagte, was er wusste. Schließlich hatte ich sie in Gallup gesehen. Ich hatte gehört, was die Ärzte und Schwestern miteinander geredet hatten. Sie hatten mir ihren Ehering gebracht und mir den Eindruck vermittelt, dass keine Überlebenschance bestand. Mir schien, als wäre bereits alles vorbei, als hätten sie meine Frau bereits aufgegeben, noch bevor sie in den Rettungshubschrauber gehoben wurde.

Während wir uns Albuquerque näherten, hatte ich die Hoffnung aufgegeben, Krickitt noch lebend anzutreffen. Mir war es ernst damit, als ich jener Schwester sagte, wenn Krickitt den Unfall nicht überleben sollte, wollte ich nicht mehr weiterleben. Während ich auf der Rückbank von Dads Auto lag, dachte ich: *Ich könnte meinem Elend ein Ende setzen, gleich jetzt. Ich brauche nur die Tür aufzumachen und mich herausfallen zu lassen. Bei 180 Stundenkilometern ist klar, wie der Ausgang sein würde.* Doch noch während dieser Gedanke mich durchzuckte, spürte ich einen starken Frieden, der mich umgab. Das konnte nur der Geist Gottes sein. Eine Stimme sagte: „Warte noch." Ich weiß nicht, ob ich diese Worte tatsächlich hörte oder nur in mir spürte. Aber sie waren da. Und sie bewahrten mich vor einer schrecklich selbstsüchtigen Entscheidung. Ich weiß nicht, ob ich die Hand tatsächlich nach dem Türgriff ausstreckte oder nicht. Aber ich weiß, dass ich seither nie wieder in Erwägung zog, mein Leben selbst zu beenden. Wenn ich unsere beiden Kinder ansehe, schäme ich mich bis zum heutigen Tag jenes Gedankens. Hätte ich mir das Leben genommen, hätte ich ihnen ihr Leben verweigert.

Endlich hatten wir Albuquerque erreicht. Ich richtete mich auf und starrte auf das Lichtermeer unten im Tal. Und ich fragte mich, hinter welchem der erleuchteten Fenster wohl meine Frau lag.

Fünf Straßenzüge vom Universitätsklinikum von New

Mexico entfernt kündigte mein Vater in der Notaufnahme des Krankenhauses unsere Ankunft an. Er bat, alle Maßnahmen zu ergreifen, um einen Schwerverletzten in Empfang zu nehmen. Seit dem Unfall waren zehn Stunden vergangen, und meine Verletzungen waren bisher nur oberflächlich ärztlich versorgt worden. Als wir vor der Notaufnahme vorfuhren, wartete man bereits auf uns – Ärzte, Schwestern ... und Mom. Ich wertete ihre Anwesenheit als schlechtes Zeichen.

Jemand öffnete die Wagentür, und ich versuchte, aus eigener Kraft aus dem Wagen auszusteigen. Moms besorgter Blick suchte mich, und als sie mein entstelltes Gesicht sah, wich ihr Schock dem Entsetzen. Dann verschwand sie aus meinem Blickfeld. Die Ärzte und Pfleger scharten sich um mich, um mir aus dem Wagen zu helfen. Sie redeten so schnell auf mich ein und riefen einander Anweisungen zu, dass ich gar nichts mehr mitbekam.

„Wo ist Krickitt? Wo ist meine Frau?", rief ich, so laut ich konnte, über den Lärm hinweg. Niemand schenkte mir Beachtung. „Könnte mir bitte jemand sagen, was mit meiner Frau ist?"

Ganz plötzlich ertönte über das Chaos hinweg eine vertraute Stimme. „Aus dem Weg! Ich will da durch!" Es war Mike Kloeppel, mein Trauzeuge, ein Bär von einem Mann, der mir wie Porky Abeda zu Hilfe eilte. Mike wusste, dass mein dringendstes Anliegen war, etwas über Krickitt zu erfahren. Das war mir wichtiger als meine eigene ärztliche Versorgung. Ich beobachtete, wie er sich einen Weg durch die Menge bahnte und Schwestern und Ärzte zur Seite schob. Einer packte ihn am Hemd, aber er schüttelte die Hand mühelos ab.

Als Mike mich erreicht hatte, fragte er mich: „Wie geht es dir, Kumpel?" Ich ignorierte seine Frage und fürchtete mich gleichzeitig vor der Antwort auf meine Frage. „Mike, ist sie noch am Leben?" Mike seufzte und erwiderte: „Noch hält sie durch, Kim. Sie liegt auf der Intensivstation." Erleichterung durchströmte mich, und ich schickte ein stummes Dankgebet nach oben.

Sobald Mike zur Seite getreten war, wurde ich in die Notaufnahme gebracht. Nachdem sich der Arzt meine Verletzungen angesehen hatte, war er fassungslos, dass ich in dem Zustand aus dem Krankenhaus in Gallup entlassen worden war. Ich hatte nicht die Kraft zu erklären, dass ich mich selbst gegen ärztlichen Rat entlassen hatte.

Dieselben Ärzte, die Krickitt nach ihrem Eintreffen behandelt hatten, kamen nun, um mich zu untersuchen, und ordneten sofort Infusionen, Röntgenaufnahmen und eine Computertomografie an. Die Schwestern schwärmten aus, um die Anordnungen auszuführen. Ich erfuhr, dass aufgrund des Knotens hinter meinem verletzten Ohr eine Hirnschwellung und eine irreversible Schädigung des Gehirns nicht auszuschließen war.

Einer der Ärzte fragte, wo ich Schmerzen hätte. „Im Rücken", erwiderte ich. „Ich kann mich kaum bewegen, ohne dass sich der Schmerz über das ganze Rückgrat zieht." Man drehte mich auf den Bauch und untersuchte meinen Rücken. Ich hörte einen Ausruf: „Jetzt sieh dir das an!" Die Glasscherben vom Sonnendach hatten sich in meinen

Rücken gebohrt, als der Wagen auf dem Dach über den Asphalt schlitterte. Einige davon waren bis zu vier Zentimeter lang.

Der Arzt zog einen Vorhang um mich herum, damit ich seine Empörung nicht mitbekam, aber ich hörte trotzdem seine Frage: „Ist er in Gallup überhaupt medizinisch versorgt worden?" Natürlich kannte er nicht die ganze Geschichte. Ich war mehr als glücklich darüber, dass die Ärzte in Gallup meiner Frau ihre ungeteilte Aufmerksamkeit geschenkt hatten. Das hatte ihr das Leben gerettet.

Die Rettungssanitäter, die Krickitt nach Albuquerque begleitet hatten, bestätigten später, dass sie in Gallup tatsächlich die bestmögliche Versorgung erfahren hatte. Sie schrieben: „Ihre Genesung haben Sie in erster Linie den Notärzten am Unfallort und Dr. Kennedy und Dr. Beamsley im Rehoboth Hospital zu verdanken. Sie haben die richtigen Maßnahmen eingeleitet. Wir sind einfach so schnell geflogen, wie wir konnten." Es war keinesfalls dem medizinischen Personal in Gallup anzulasten, dass ich in dem Zustand, in dem ich mich befand, auf meine Entlassung bestand.

Während sich die Ärzte um meine Verletzungen kümmerten, fragte ich Mom immer wieder, wie es Krickitt ging. In diesen quälenden Minuten und Stunden wünschte ich mir nur eines: dass meine Mutter meinen emotionalen Schmerz linderte, indem sie mir versicherte, dass es meiner Frau gut ging. Doch das brachte sie nicht über die Lippen. Sie konnte es nicht. Niemand rechnete damit, dass sie überlebte. Das verschwieg sie mir allerdings. Der diensthabende Arzt in Albuquerque hatte Krickitt eine Überlebenschance von weniger als 1 Prozent eingeräumt. Nur ein Wunder würde sie am Leben erhalten.

Kurz darauf traf mein Zwillingsbruder Kirk aus Farmington, unserer Heimatstadt im Nordwesten von New Mexico, ein. Er und seine Frau hatten erst nach Mitternacht von dem Unfall erfahren und sich sofort auf den Weg gemacht.

„Wie geht es dir, Kimbo?", fragte er mühsam lächelnd.

„War schon mal besser", antwortete ich. „Ich will Krickitt sehen."

„Das wirst du", erwiderte er. „Warte einfach ab, bis sie dich verarztet haben."

In der Zwischenzeit nähten die Ärzte meine Nase wieder an, richteten meine gebrochene Hand, arbeiteten an meinen Rippen, spritzten mir ein Betäubungsmittel und bereiteten die Aufnahme ins Krankenhaus vor. Nachdem ich versorgt war, sagte ich, ich wolle so schnell wie möglich meine Frau sehen.

„Wenn Sie erst mal stationär aufgenommen sind, können Sie nicht mehr zu Ihrer Frau", erklärte mir jemand.

„Dann lasse ich mich nicht aufnehmen."

Verständlicherweise redeten sie mir gut zu und versuchten zu argumentieren, aber ich ignorierte sie. Ich weigerte mich, mich stationär aufnehmen zu lassen. Vorher wollte ich meine Frau sehen.

Schließlich einigten wir uns auf einen Kompromiss. Ich wurde auf die Wachstation gebracht. Dort konnte ich überwacht werden. Wenn ich stabil wäre, könnte ich

Krickitt besuchen. Sie lag nach wie vor auf der Intensivstation, und man versprach mir, mich im Rollstuhl hinzuschieben. Aber man warnte mich vor ihrem Anblick. Es wäre bestimmt ein großer Schock für mich. Sie sei wirklich schwer verletzt und an Maschinen und Monitore angeschlossen. Aber das kümmerte mich nicht. Ich war nur froh darüber, dass sie noch am Leben war.

Vor der Tür zur Intensivstation bat ich den Pfleger, der den Rollstuhl schob, stehen zu bleiben. „Für den Fall, dass sie mich sieht, will ich selbst laufen. Sie soll mich nicht im Rollstuhl sehen. Ich schaffe das", erklärte ich. Dann stand ich mühsam aus dem Rollstuhl auf und schleppte mich durch die Tür.

Ich war froh, dass der Pfleger mit dem Rollstuhl unmittelbar hinter mir herging. Denn bei Krickitts Anblick sank ich kraftlos wieder in den Stuhl. Erstaunlicherweise hatte sie nicht operiert werden müssen, aber wegen ihrer Gehirnverletzung war sie an die unterschiedlichsten Maschinen angeschlossen worden. Man hatte sie am Bett fixiert, um sie vor einem Sturz zu schützen. Sie wehrte sich gegen die Riemen und wand sich in Anfällen. Ihre Augen und Lippen waren dunkelrot verfärbt. Ihr ganzer Körper war aufgequollen wie ein Ballon, und ihr Kopf hatte die Größe eines Basketballs angenommen. Schläuche führten in ihren Mund und ihre Nase. Andere verschwanden unter den Laken. Außerdem lagen Infusionen in beiden Armen und einem Fuß. Eine Camino-Sonde, die den Druck zwischen Schädel und Gehirn messen sollte, war in ihren Kopf eingeführt worden. Drähte, die mit einigen der

Monitoren im Raum verbunden waren, ragten aus ihrer Kopfhaut.

Sie lag im Koma und hätte schon wegen des Beatmungsschlauchs nicht reden können, aber ich wollte doch so gern auf irgendeine Weise mit ihr kommunizieren. Ich erhob mich und ergriff die Hand meiner Frau.

„Ich bin es, Schatz", sagte ich leise. „Wenn du mich hören kannst, drück meine Hand." Wegen der starken Blutungen anderer, dringenderer Verletzungen wussten wir noch nicht, dass ihre kalte, weiße Hand, die ich ganz sanft in meiner hielt, gebrochen war. Ihr Gesicht zeigte keine Reaktion, als ich mit ihr sprach … aber ich spürte einen leichten Druck ihrer Hand.

Ein Hoffnungsstrahl blitzte in mir auf. Krickitt war immer noch da. Irgendwo unter all diesen Schläuchen und Drähten war noch Leben in meiner Frau. Es war das erste Lebenszeichen, das die Maschine nicht aufzuzeichnen brauchte. Auch wenn es nur eine Kleinigkeit war, ich war außer mir vor Freude.

Die Ärzte nahmen Krickitts Reaktion nicht ganz so überschwänglich auf wie ich. Nach wie vor glaubten sie nicht, dass sie den Unfall überleben würde.

Kurze Zeit später trafen Krickitts Eltern und ihr Bruder Jamey aus Phoenix in Albuquerque ein. Die quälenden Stunden der vergangenen Nacht hatten sie weinend und um ein Wunder betend verbracht, wie viele andere auch. Gus und Mary Pappas reagierten bewundernswert ruhig auf den Anblick ihrer Tochter, deren Gesicht kaum zu erkennen war.

Und schließlich kam auch mein Bruder Kelly an. Er war vernünftig genug gewesen, sich erst am Morgen, nachdem die Straßen getaut waren, von Roswell nach Albuquerque auf den Weg zu machen. Jetzt war die Familie vollzählig anwesend.

Normalerweise sind die Besuchszeiten auf der Intensivstation streng geregelt. Nur unmittelbare Familienangehörige dürfen die Patienten besuchen, und nur maximal dreißig Minuten. Doch wir bekamen die Erlaubnis, zu kommen und zu gehen, wie wir wollten. Wenn wir unsere Sinne beieinander gehabt hätten, hätten wir uns vermutlich gefragt, warum das so war. Natürlich hatten wir keine Ahnung davon, dass Krickitts Ärzte die Anweisung gegeben hatten, die Besuchsbeschränkungen aufzuheben, da die Patientin vermutlich nur noch wenige Stunden zu leben hätte.

Die Ärzte nahmen sich an jenem Tag viel Zeit, uns Krickitts Zustand zu erklären. Wir erfuhren, dass zwei größere Probleme bestanden. Der erste und gefährlichste Punkt war die Schwellung ihres Gehirns. Diese Schwellung beeinträchtigte den Blutfluss zu ihren Gehirnzellen, die ihnen Nährstoffe und Sauerstoff zuführten. Die zweite Komplikation war ihr gefährlich niedriger Blutdruck. Dadurch bestand ebenfalls die Gefahr, dass die Organe und natürlich auch das Gehirn nicht genügend mit Sauerstoff versorgt würden, was eine Schädigung des Gehirns aufgrund von Sauerstoffmangel zur Folge hätte. Die Gehirnschwellung in Verbindung mit dem niedrigen Blutdruck war eine tödliche Kombination. Niemand brauchte uns zu erklären, in welcher Gefahr Krickitt schwebte.

Da Krickitt bereits so lange durchgehalten hatte, regte sich bei den Ärzten die leise Hoffnung, dass sie entgegen aller Erwartung vielleicht doch überleben könnte. Früh am Morgen hatte sie uns gezeigt, dass sie nicht gelähmt war. Sie bewegte ihre Finger und Zehen. Trotzdem warnten uns die Ärzte, jede Minute, in der das Gehirn nicht ausreichend mit Sauerstoff versorgt würde, steigere die Wahrscheinlichkeit, dass ein irreversibler Gehirnschaden zurückbleibe. Der Druck auf ihr Gehirn war kurz zurückgegangen, dann jedoch ohne Vorwarnung wieder angestiegen. Nach Einschätzung der Ärzte dauerte es zwischen vierundzwanzig bis achtundvierzig Stunden, bis die Schwellung nachließ und die Sauerstoffzufuhr wieder vollständig hergestellt wäre. Doch bis dahin hatte das Gehirn eine irreversible Schädigung davongetragen, und meine Frau würde auf Dauer in einem vegetativen Zustand leben, falls sie bis dahin überlebte.

Wir hatten gelernt, die Anzeigen der verschiedenen Monitore im Raum zu lesen, und verbrachten den Rest des Tages damit, die Schwankungen der Anzeigen im Blick zu behalten. Wir wussten zwar, was sie bedeuteten, doch wir konnten nichts für Krickitt tun. Die Anzeigen auf einem Bildschirm waren die Indikatoren für Leben und Tod, und wir waren dazu verurteilt dazusitzen und auf den Bildschirm zu starren in der Hoffnung, dass sich die Anzeige in die richtige Richtung bewegte.

Tief erschüttert von der Tragödie der vergangenen vierundzwanzig Stunden und unserer Angst um Krickitts Leben dauerte es eine Weile, bis uns aufging, dass wir so hilflos ja gar nicht waren. Wir hatten vergessen, dass Gott Wunder tut und wir ihn darum bitten dürfen. Natürlich war uns klar, dass wir auf unsere Gebete nicht immer die Antwort bekommen, die wir uns erhoffen, aber wir hatten ja nicht einmal die Anstrengung unternommen, Gott unsere Bitten vorzutragen.

Jamey, Mary und Gus, unsere Freunde Curtis und Wendy Jones und ich zogen uns in die Krankenhauskapelle zurück. Jamey war für Campus Crusade for Christ an der Universität von Kalifornien in Irvine tätig. Er begann den improvisierten Gebetsgottesdienst. „Gott, du hast versprochen, uns zu hören und unsere Bitten zu erhören, wenn wir im Gebet zu dir kommen. Wir bitten dich, Krickitt mit deiner heilenden Hand zu berühren, damit die Schwellung ihres Gehirns abklingt …" Wir beteten speziell dafür, dass der Druck auf Krickitts Gehirn nachließ. Wir erflehten ein Wunder und baten Gott, den Druck so rechtzeitig sinken zu lassen, dass sie ohne eine dauerhafte Schädigung ihres Gehirns überleben könnte.

Später erfuhren wir, dass auch andere für Krickitt beteten. Ihre Freundin Lisa mobilisierte alte Freunde und Kollegen in Kalifornien und bat sie, ihren Feiertag im Gebet für ihre Freundin zu verbringen. Jameys Frau Gretchen erwartete ein Baby und konnte auf Anordnung ihres Arztes nicht bei uns sein. Doch sie startete einen Rundruf und bat die Mitarbeiter von Campus Crusade, um ein Wunder der Heilung zu beten. Diese Menschen mobilisierten ihre Freunde und Bekannten, die das Gebetsanliegen wiederum an ihre Freunde und Bekannten weitergaben, und am

Ende des Tages wurde sogar in Russland für Krickitt gebetet.

Wir beteten etwa zwanzig Minuten lang, danach kehrten wir zur Intensivstation zurück. Automatisch wanderte mein Blick zu den Monitoren. Die Anzeigen hatten sich verbessert. Der Druck auf Krickitts Gehirn hatte nachgelassen und sank stetig weiter. Die Schwestern kamen alle paar Minuten ins Zimmer, und schließlich rief eine Schwester den Arzt herbei, weil sie befürchtete, die Monitorsonde sei verrutscht. Die Anzeige konnte nicht stimmen. Der Arzt überprüfte die Sonde, aber alles war in Ordnung. Doch auch wenn der Druck auf Krickitts Gehirn nachließ, war ihr Blutdruck nach wie vor gefährlich niedrig.

Viele Freunde und Verwandte hatten sich nach Krickitts Zustand erkundigt. Kurz nachdem wir aus der Kapelle zurückkamen, traf unser Pastor Fred Maldonado ein. Wir berichteten ihm, was geschehen war, und er kehrte mit uns in die Kapelle zurück, um dafür zu beten, dass Krickitts Blutdruck anstieg.

Als wir in Krickitts Zimmer zurückkamen, erkannten wir sofort, dass auch dieses Gebet erhört worden war. Ihr Blutdruck stieg stetig an. Die für Krickitt zuständige Schwester starrte fassungslos auf den Monitor. Sie blickte mich an und deutete dann auf die Anzeige. Ihr fehlten die Worte.

„Sehen Sie sich nur den Blutdruck an", stieß sie schließlich hervor. Wir brauchten diese Aufforderung nicht. Es war uns unmöglich, den Blick davon abzuwenden. Die Anzeige näherte sich stetig dem Normalwert.

Im Laufe der folgenden Stunden tauchte Krickitt immer weiter aus ihrem Koma auf. Ihre Vitalwerte näherten sich dem Normalbereich, und es wurde deutlich, dass zumindest einige ihrer Grundfunktionen nicht beeinträchtigt waren.

In den folgenden Tagen schonte ich mich so gut es ging, um selbst wieder zu Kräften zu kommen. Wegen meiner Rippenbrüche und der Verletzungen meines Rückens konnte ich nicht gerade stehen, doch mehrmals am Tag schleppte ich mich zu Krickitts Zimmer auf der Intensivstation. Ihre Genesung schritt fort, und am Montag nach Thanksgiving, fünf Tage nach dem Unfall, wurde sie von der Intensivstation auf die Normalstation verlegt und vom Beatmungsgerät genommen.

Obwohl Krickitt ab und zu relativ präsent zu sein schien, lag sie genau genommen immer noch im Koma. Während jener Tage lernte ich, dass es fünfzehn unterschiedliche Koma-Ebenen gibt. Bei den leichtesten Formen ist der Patient wach genug, um herumzulaufen und zu reden. Das war bei Krickitt der Fall. Natürlich schlief sie den größten Teil des Tages, aber nachdem die Beatmungsschläuche aus ihrem Hals entfernt worden waren, bestand die Möglichkeit, dass sie vielleicht etwas sagte. Seit dem schrecklichen Unfall sehnte ich mich verzweifelt nach dem Klang ihrer Stimme. Wie oft in den vergangenen Tagen hatte ich befürchtet, diese Stimme nie wieder zu hören. Ich hatte sogar geträumt, dass sie mit mir sprach, und ich wünschte mir so sehr, ihre Stimme zu hören.

Mit der Erlaubnis der Ärzte fütterte ich Krickitt mit Eisstücken. Wenn ich mit einem kleinen Stück ihre Lippen berührte, öffnete sie den Mund und lutschte sie von meinen Fingern ab. Die Lippen waren nicht mehr dunkelblau, sondern blass und trocken, und ich spürte ihre Wärme und das Flüstern ihres Atems auf meiner Haut.

Nachdem ich Krickitt ein paar Eisstücke gegeben hatte, beugte ich mich über sie. Mein Gesicht war nur Zentimeter von ihrem entfernt.

„Ich liebe dich, Krickitt", sagte ich leise.

„Ich liebe dich auch."

Ich konnte es nicht fassen! Meine Frau hatte nicht nur gesprochen, sondern die Worte gesagt, die ich so sehnlichst zu hören wünschte. Meine Krickitt war wieder da. Diese Worte gaben mir Sicherheit, dass alles wieder gut werden würde.

4
IN DER REHA-KLINIK:
„ICH GEBE NICHT AUF!"

Die Ärzte hielten Krickitts Liebeserklärung an mich für eine reflexartige Reaktion. Sie behaupteten, vermutlich verstünde sie gar nicht, was wir sagten; ihr Gehirn wisse allerdings, dass die richtige Antwort auf: „Ich liebe dich", der Satz: „Ich liebe dich auch" sei. Vom medizinischen Standpunkt stimmte das natürlich. Aber ich war ein Mann, der sich verzweifelt danach sehnte, seine Frau zurückzubekommen. Darum gaben mir ihre Worte Hoffnung. In meinen Augen waren sie für uns ein weiterer Schritt auf dem Weg zurück, auch wenn zu dem Zeitpunkt noch nicht mit Sicherheit feststand, dass sie wieder voll genesen würde.

In den seltenen Augenblicken, wo Krickitts Augen geöffnet waren, war ihr Blick starr wie bei einer Puppe. Sie betrachtete Gegenstände ohne Anzeichen des Erkennens, und es war offensichtlich, dass sie nicht richtig wahrnahm, was um sie herum vorging. Für einen Aspekt ihres Verhaltens bot sich eine kurzfristige Lösung. Wir hatten bemerkt, dass sie nicht richtig fokussieren konnte, und auf einmal kam ihr Vater auf die Idee, dass sie vielleicht nicht richtig sehen könnte. Nach dem Unfall hatte man ihr die Kontaktlinsen aus den Augen genommen, und niemand hatte daran gedacht, ihr ihre Brille aufzusetzen. Als wir dies nachholten, spürten wir sofort eine Veränderung. In ihren Wachphasen nahm sie ihre Umgebung viel deutlicher wahr. Ein Teller mit Jell-Os auf der gegenüberliegenden Seite des Zimmers war das Erste, das sie in den Blick nahm. Auch war sie viel lebhafter als bisher. Ich war überglücklich, als sie anfing, mich häufiger mal anzusehen, wenn ich mit ihr sprach. Das war ein winziger Fortschritt, der uns dem Tag näher brachte, an dem ich meine Krickitt wieder hätte.

Bald konnte Krickitt sich aufsetzen, dann aufstehen und schließlich einige schlurfende Schritte durch das Zimmer machen, wenn ich sie auf der einen und ein Pfleger sie auf der anderen Seite stützte. Doch trotz Hilfe war sie kaum in der Lage, ihre Füße vom Boden zu heben. Den rechten Fuß zog sie nach, und ihr Handgelenk war nach innen gedreht. Offensichtlich hatte sie eine neurologische Schädigung davongetragen. Es tat mir weh, zusehen zu müssen, welche Anstrengung es sie, die durchtrainierte Turnerin, kostete, einen Fuß vor den anderen zu setzen. Aber dass sie sich überhaupt bewegen konnte, war ein Zeichen, dass eines Tages ihr Gleichgewichtssinn und ihre Koordination vermutlich so weit wieder vorhanden wären, dass sie allein ohne Hilfe zurechtkommen könnte. Vom Bewegungsablauf war diese Fähigkeit vorhanden, ihr fehlte nur noch die Kraft dazu.

Ich machte Krickitt Mut für ihre Gehübungen. Wenn

ich mit ihr sprach, sah sie mich an. „Ich liebe dich, Krickitt", sagte ich, während ich ihr in die Augen sah.

„Ich liebe dich auch", erwiderte sie jedes Mal, ohne Regung und ohne Intonation. Ich wünschte mir so sehr, meine alte Krickitt zu sehen und zu hören, aber sie war noch nicht wieder da.

Es dauerte nicht lange, bis ihr gestattet wurde, Pudding und andere weiche Lebensmittel zu sich zu nehmen. Da sie noch nicht selbstständig essen konnte, fütterte ich sie, während sie aufrecht im Bett saß. Manchmal blickte sie mich an oder das Essen, aber meistens starrte sie stur geradeaus auf die Wand.

* * *
 *

Der nächste Schritt für Krickitt wäre ein Rehabilitationsprogramm. Krickitts Ärzte hatten mit uns über die verschiedenen Einrichtungen gesprochen, die geeignet waren, den langen Prozess, ihren Körper und Geist wieder in den Zustand vor dem Unfall zu versetzen, oder zumindest in einen Zustand, der dem so nahe wie möglich kam, zu begleiten und zu fördern. Die Rehabilitation eines Patienten, der eine Gehirnverletzung erlitten hatte, ist ein langer, hoch spezialisierter und kostenintensiver Vorgang. Die Ärzte wollten sicherstellen, dass Krickitt die beste Förderung bekam. Die gute Nachricht war, dass ein geeignetes Institut, das Barrow Neurological Institute, dem St. Joseph's Hospital in Phoenix angegliedert war. Krickitts Eltern wohnten in Phoenix, und so war dies eine optimale Wahl.

Doch leider war uns das Glück nicht hold. Uns wurde mitgeteilt, dass unsere Krankenversicherung Krickitts weitergehende Behandlung außerhalb von New Mexico vermutlich nicht genehmigen würde.

Natürlich war ich empört darüber, dass meine Frau wegen einer – meiner Meinung nach – lächerlichen Vorschrift im Gesundheitswesen nicht die bestmögliche Versorgung bekommen sollte.

„Na toll", wütete ich. „Dann kann die Versicherung meinen und den Umzug ihrer Eltern nach Albuquerque bezahlen, und sie kann auch gleich unsere Miete während unseres Aufenthalts übernehmen." Unser Sozialarbeiter wählte anscheinend einen etwas diplomatischeren Umgangston mit der Versicherung. Denn innerhalb kürzester Zeit lag uns die Genehmigung unseres Versicherungsträgers vor, die Behandlung außerhalb der Staatsgrenzen fortzusetzen.

Unglücklicherweise erfuhren wir bald darauf, dass Krickitt nicht im Barrow unterkommen konnte. Sie wurde stattdessen einem Rehabilitationsprogramm für Gehirnschädigung mit dem Namen „Rehab Without Walls" in Mesa, Arizona, zugeteilt. Einige der Ärzte, die vorher im Barrow gearbeitet hatten, leiteten nun dieses Programm. Dass es gut war, daran zweifelten wir nicht. Aber es war nicht das, was wir erhofft und wofür wir gebetet hatten. Trotzdem bestieg ich zehn Tage nach dem Unfall ein speziell für Krankentransporte ausgerüstetes Flugzeug, das mich, meine Frau und zwei Pfleger nach Mesa bringen sollte.

Als wir in Mesa landeten, fragte uns der Fahrer des Krankenwagens, warum wir denn auf diesem Flugplatz gelandet seien, der eine Stunde vom Krankenhaus entfernt liege. Er hätte die Anweisung, uns ins Barrow nach Phoenix zu bringen. Wir erklärten, wir seien in Mesa gelandet, weil Krickitt für ihre Rehabilitation „Rehab Without Walls" zugeteilt worden sei. Es dauerte eine Weile, die Sachlage zu klären. Die zuständigen Ärzte waren wohl zu dem Schluss gekommen, dass „Rehab Without Walls" nicht das geeignete Rehabilitationsprogramm für Krickitt sei. Doch da befanden wir uns bereits in der Luft. Zum Einen war es eine Einrichtung für Patienten, die keine stationäre Betreuung mehr brauchten, und das war bei Krickitt nicht der Fall. Außerdem war das Programm geeignet für Patienten, die in ihrer Genesung bereits weiter fortgeschritten waren als Krickitt oder keine so schweren Verletzungen davongetragen hatten. Nachdem man dies erkannt hatte, hatte „Rehab Without Walls" im Barrow angerufen und erklärt, Krickitt sei bereits auf dem Weg nach Arizona und benötige ihre hochspezialisierte Pflege. Die Mitarbeiter vom Barrow zeigten Verständnis für diese Situation und waren sofort bereit, sie aufzunehmen.

Am Spätnachmittag dieses Tages trafen wir im Barrow Neurological Institute ein. Der Chefneurologe nahm uns in Empfang. Wir hatten alle Röntgenaufnahmen, CTs und andere Berichte mitgebracht, doch der Arzt erklärte uns, sie würden ihre eigenen Untersuchungen durchführen und sofort damit beginnen.

Nach den Untersuchungen brachten wir Krickitt in ihrem Zimmer unter. Kurz darauf kam ein anderer Arzt und stellte sich als Dr. Singhs Kollege vor. Dr. Singh wäre

Krickitts Arzt, erklärte der Kollege. Wir würden ihn am Montagmorgen kennenlernen. Es war Freitag, und so blieb uns das ganze Wochenende, um uns an die neue Umgebung zu gewöhnen, bevor Krickitts Therapie am Montag begann. Auch wenn ich mir nie vorgestellt hätte, mich nur zwei Monate nach meiner Hochzeit in einem Rehabilitationszentrum wiederzufinden, war ich froh darüber, dass wir jetzt hier waren. Gott hatte es so geführt, dass Krickitt in die Einrichtung kam, in der sie die bestmögliche Förderung bekam.

Das Barrow war eine Spezialklinik, doch die Zimmer erinnerten an ein typisches Krankenhaus: einfache Möblierung und gelblich gestrichene Wände. Krickitts Zimmer lag unmittelbar unter dem Hubschrauberlandeplatz; wir wurden also häufig durch den Hubschrauberlärm gestört. Außerdem grenzte das Zimmer an das einer Frau, der wir den Spitznamen Jammerlappen gaben, weil sie manchmal viele Stunden am Stück stöhnte. Doch trotz des Lärms über uns und um uns herum erlebten wir auch kleine Oasen des Friedens. Von Krickitts Fenster aus blickten wir in den Garten mit Blumenbeeten und gewundenen Gartenwegen. In der ersten Dezemberwoche blühten naturgemäß keine Blumen, doch ich freute ich mich auf die Aussicht, eines Tages mit Krickitt zusammen dort spazieren zu gehen. Sie war schon so weit gekommen, und in diesem Haus würde sie die bestmögliche Pflege bekommen. Ich stellte mir vor, dass es nicht mehr lange dauern würde, bis wir gemeinsam den Garten bestaunen und unsere Heimkehr in unsere Wohnung und unser Leben in New Mexico planen würden.

Während Krickitts Aufenthalt im Barrow hatte ich Gelegenheit, einige der anderen Patienten kennenzulernen. Sie befanden sich in unterschiedlichen Phasen ihrer Genesung, und es tat gut, die Fortschritte der anderen zu verfolgen. Das gab mir Hoffnung für Krickitt. Manche hatten einen ähnlichen Autounfall erlebt wie sie. Es gab aber auch Schlaganfall-Patienten und Patienten, die an den Folgen eines Aneurysmas litten.

An Krickitts erstem Tag schob ich sie zusammen mit einer Schwester zum Mittagessen in die Cafeteria für die Patienten. Doch Krickitt war noch nicht darauf vorbereitet, anderen Menschen mit gravierenden neurologischen Einschränkungen zu begegnen. Ich spürte ihre Furcht, sobald wir die Cafeteria betraten. „Das macht dir Angst", sagte ich spontan, und ich wusste nicht so genau, ob ich die Worte laut ausgesprochen oder nur gedacht hatte.

„Ja", antwortete Krickitt. Nach fünf Tagen künstlicher Beatmung war ihre Stimme immer noch ein wenig rau. Ich war erstaunt, dass der Anblick in ihr etwas vernebeltes Bewusstsein durchgedrungen war, und vor allem hatte ich nicht damit gerechnet, dass sie mir antwortete. Trotz des Stresses, den sie erlebte, empfand ich eine überschwängliche Freude. Wir kehrten ins Zimmer zurück, und Krickitt nahm ihre Mahlzeiten vorerst dort ein, bis sie stabiler war. Unser Arzt war mit diesem Plan mehr als einverstanden, denn er wollte nicht, dass Krickitt ständig mit möglichen negativen und irreversiblen Folgen einer Gehirnverletzung konfrontiert wurde. Er – wie ich natürlich auch – wollte, dass sie wieder zu Kräften kam und sich darauf konzentrierte, jeden Tag ein Stückchen weiterzukommen.

Aber obwohl sie auf den Besuch in der Cafeteria so negativ reagiert hatte, war das Essen eines der wenigen Vergnügen, die Krickitt zu schätzen wusste. Für uns beide waren die Mahlzeiten ein besonderer Höhepunkt. Sie aß einfach leidenschaftlich gern. Und ich liebte unsere gemeinsamen Mahlzeiten, weil sie die seltenen Gelegenheiten am Tag waren, wo Krickitt auffallend lebhaft war. Es dauerte nicht lange, bis sie wieder selbstständig essen konnte. Während dieser Zeit redete sie viel und schien mir während unserer Gespräche auch präsenter zu sein.

An jenem ersten Wochenende im Barrow bekamen wir Krickitts Therapieplan. Ihr Tag begann mit Bewegungstherapie, damit sie alltägliche Verrichtungen wie Baden und Anziehen wieder erlernte. Daran schloss sich Sprachtherapie an. Der Sprachtherapeut würde feststellen, welche sprachlichen Defizite durch die Verletzung entstanden waren und wie sie zu überwinden wären. Anschließend stand Physiotherapie auf dem Behandlungsplan. Die Übungen sollten ihre Hand-Augen-Koordination, ihren Gleichgewichtssinn und ihre motorischen Fertigkeiten fördern. Danach war Mittagspause. An den Nachmittagen sollte sie die grundlegenden Arbeiten im Haushalt, wie Kochen, Staubsaugen und Bettenmachen, wieder erlernen.

Für mich war unvorstellbar, wie Krickitt einen so vollgepackten Terminplan bewältigen sollte. Immerhin lag sie technisch gesehen immer noch im Koma. Tatsächlich war es so, dass sie erst Monate nach dem Unfall als aus ihrem „aufgezeichneten Koma" erwacht galt. Als wir knapp zwei Wochen nach dem Unfall im Barrow ankamen, war sie nur wenige Stunden am Tag wach und in dieser Zeit extrem desorientiert. In der ersten Nacht in ihrer neuen Umgebung wollte sie allein zur Toilette gehen und verfing sich in dem Bettgitter, das zu ihrem Schutz angebracht worden war. Von da an schlief immer jemand bei ihr. Diese Aufgabe fiel in der Regel ihrer Mutter zu, da meine körperliche Verfassung aufgrund meiner eigenen Verletzungen immer noch zu wünschen übrig ließ.

Da Krickitt mehr als zwanzig Stunden am Tag schlief und sich kaum länger als ein oder zwei Minuten unterhalten konnte, war ich nicht sicher, wie sich ihr erster Therapietag gestalten würde. An jenem ersten Montagmorgen nach unserer Ankunft, der Tag, an dem sie Dr. Singh kennenlernen sollte, war ich schon früh bei Krickitt. Ich hatte vorgehabt, sie ganz sanft aufzuwecken und ihr zu helfen, sich auf den großen Tag vorzubereiten. Ich sprach mit ihr und streichelte ihr Gesicht, aber es kam keine Reaktion. Schließlich rüttelte ich sie an der Schulter, doch noch immer rührte sie sich nicht.

In diesem Augenblick kam Dr. Raj Singh ins Zimmer, eine elegante Erscheinung wie aus einem Modemagazin.

Ganz anders, als ich erwartet hatte – kein weißer Kittel, kein Stethoskop, keine kühle Zurückhaltung, wie man es bei Ärzten häufig erlebt. Er reichte mir freundlich die Hand, trat an das Kopfende des Bettes und beugte sich über Krickitt. Ich hatte sie sanft in die Gegenwart holen wollen, doch der Arzt kannte kein Pardon.

„Wachen Sie auf", sagte Dr. Singh laut. Und wieder reagierte Krickitt nicht.

„Sie müssen aufwachen", wiederholte er in demselben Tonfall. Immer noch nichts.

Dann tat Dr. Singh etwas, was mich schockierte. Er streckte die Hand aus und zwickte Krickitt in den Hals. Ihre Augen flogen auf, und sie rief: „Lassen Sie mich in Ruhe!" Begleitet waren diese Worte von einer Flut von Schimpfwörtern. Ich war fassungslos, solche Wörter aus dem Mund meiner Frau zu hören.

Doch seine Strategie funktionierte, denn jetzt hatte Dr. Singh Krickitts ungeteilte Aufmerksamkeit. Er forderte sie auf, mit der rechten Hand zu wackeln. Das tat sie. Dann sollte sie ihren linken Fuß bewegen, und auch das tat sie. Dr. Singh grinste mich strahlend an. „Sie wird wieder in Ordnung kommen", sagte er voller Zuversicht. Innerhalb der nächsten Stunde hatte Krickitt mit ihrer ersten Bewegungstherapiestunde begonnen.

Mir fiel es sehr schwer zu akzeptieren, dass nicht nur Krickitt bei dem Unfall verletzt worden war. Auch ich hatte schwere Verletzungen davongetragen. Nach dem Unfall war ich insgesamt sechsmal als Patient in den Krankenhäusern in Gallup und Albuquerque aufgenommen worden, doch nie formal über Nacht eingewiesen worden, weil ich nicht von Krickitt getrennt sein wollte. Ich dachte an sie in jeder Minute des Tages. Die Angst, sie könnte sterben und ich wäre nicht bei ihr, obwohl es ihr von Tag zu Tag ein wenig besser ging, trieb mich um und raubte mir den Schlaf. Selbst wenn ich dann doch mal kurz einschlief, konnte ich nie richtig entspannen.

Meine gebrochenen Knochen heilten, und der Chirurg in Albuquerque hatte meine Nase und mein Ohr wieder angenäht. Es war unglaublich: In ein paar Monaten würde äußerlich niemand mehr merken, dass ich einen so schweren Autounfall überlebt hatte. Doch mein Rücken – nun, das war eine andere Geschichte. Der Schmerz war mein ständiger Begleiter. Die Schnitte vom Glas des Sonnendaches verheilten recht gut, aber die sengenden Schmerzen in der Wirbelsäule, die ganz unvermittelt einsetzten, quälten mich von Zeit zu Zeit. Ich wusste nie, wann sie auftreten oder wie lange sie anhalten würden. Nur mithilfe von starken Schmerzmitteln konnte ich die Tage überstehen.

Wenn ich mir vor Augen hielt, was hinter uns lag, konnte ich es noch immer nicht fassen, dass unser Leben verschont geblieben war. Meine Eltern waren zum Unfallort nach Gallup gefahren, um meine Brieftasche zu suchen, die anscheinend im Wagen geblieben war. Unser brandneuer Ford Escort war vollständig zerstört, das Innere voller Blutflecken. Niemand, der das Wrack sah, hätte vermutet, dass die Insassen mit dem Leben davongekommen waren. Aber wir hatten alle drei überlebt.

Nachdem Krickitts Leben nicht mehr in Gefahr war, konnte ich mich nun um den Papierkram kümmern. Unsere Ansprüche an die Versicherung mussten angemeldet werden, die Korrespondenz mit der Krankenversicherung türmte sich. Unmittelbar nach Krickitts Ankunft im Barrow bekam ich einen Anruf vom Lieferanten der Notfallausrüstung. Sehr zu meinem Entsetzen wollte er bereits wissen, wann er die Zahlung der Rechnung erwarten könnte. Ich hatte nicht erwartet, dass sich der finanzielle Druck so schnell aufbauen würde.

Der Stress und die Unsicherheit wurden mir zu groß. Ich fing an, mich zu fragen, ob ich den Anforderungen, die auf mich zukamen, gewachsen wäre. Meine Frau hatte eine gravierende Schädigung ihres Gehirns erlitten, deren Ausmaß noch nicht einzuschätzen war. Mich plagten meine eigenen Schmerzen und die Angst um meine Frau. Und nun kam auch noch der finanzielle Druck der astronomischen Arzt- und Krankenhauskosten dazu. Wie sollte ich das alles bewältigen?

In seltenen Augenblicken konnte ich meine Situation jedoch kurz vergessen, wenn ich an die wenigen glücklichen Momente oder lustigen Begebenheiten der vergangenen drei Wochen zurückdachte. Doch sofort kehrten meine Gedanken wieder zu Krickitt zurück. Ich stellte mir dann vor, wie sie schlief, langsam einen Atemzug nach dem anderen tat. Wäre einer dieser Atemzüge vielleicht ihr letzter? Natürlich wusste ich, dass sie sich auf dem Weg der Besserung befand, aber wenn sie nun einen Rückfall bekam? Vielleicht hatten die Ärzte ja eine schwere Verletzung übersehen, die von einer Sekunde auf die andere ihr Leben beenden könnte?

Dann wieder überlegte ich, welche Fortschritte meine Frau in der Zeit in der Rehabilitationsklinik machen könnte. Wir waren noch nicht einmal drei Monate verheiratet – weniger als eine Jahreszeit. Wir hatten eine wunderschöne Hochzeit gefeiert und herrliche Flitterwochen auf Hawaii erlebt. Dann hatten wir uns in unserer Wohnung in New Mexico eingerichtet und waren wieder in den Berufsalltag eingetaucht. Das war es, unser Eheleben. *Wird Krickitt wieder dieselbe Frau sein, die ich geheiratet habe?*, fragte ich mich. *Wird sie sich so weit erholen, dass sie ihren Beruf wieder ausüben kann? Wird sie Kinder bekommen können?*

Solche Gedanken quälten mich Nacht für Nacht, wenn ich mich in der Dunkelheit in meinem Bett herumwälzte und darauf wartete, dass der Morgen anbrach. Dann stand ich auf, zog mich an und fuhr los, um den Tag bei Krickitt in der Klinik zu verbringen.

Ich hatte vor, während Krickitts Rehabilitationszeit in Phoenix zu bleiben. Krickitts Eltern lebten hier, und so war ich unmittelbar nach unserer Ankunft in Arizona in ihr Haus eingezogen. Noch ließ sich nicht abschätzen für wie lange. Während jener ersten Wochen konzentrierte ich mich ausschließlich auf Krickitt und ihre Therapie. Mein

Job und unsere Verpflichtungen in Las Vegas waren nebensächlich.

Gilbert Sanchez, der Dekan der New Mexico Highlands Universität, hatte unmittelbar nach dem Unfall versucht, Kontakt zu mir aufzunehmen. Doch da wurde ich noch in der Notaufnahme des Krankenhauses in Albuquerque medizinisch versorgt. Kurz nach unserem Eintreffen in Phoenix telefonierten wir miteinander. Ich legte ihm unsere Situation dar. Es gab so viele Unklarheiten, und ich hatte keine Ahnung, wann ich nach New Mexico zurückkommen und meinen Job wieder antreten könnte, erklärte ich ihm. Nach den Weihnachtsferien müsste meine Mannschaft das Training wieder aufnehmen, um für die anstehenden Spiele in Form zu kommen. Außerdem gab es auch noch andere Verpflichtungen, denen ich – oder ein Stellvertreter – nachkommen müsste. Mir war klar, dass ich es versäumt hatte, in der Universität Bescheid zu geben, damit eine Vertretung für mich gesucht werden konnte. Aber bisher hatte ich weder die Zeit noch die Energie gehabt, mich darum zu kümmern. Ich hatte meine Mannschaft und meine Vorgesetzten mehr oder weniger im Stich gelassen.

Gilbert war sehr großzügig und blieb sachlich. So kannte ich ihn. „Nehmen Sie sich alle Zeit, die Sie brauchen", beruhigte er mich am Telefon. „Sie werden immer einen Job haben. Wir werden uns eine Vertretung besorgen, bis Sie wieder einsatzbereit sind." Er bat mich, ihn wöchentlich über Krickitts Zustand zu informieren.

Unsere Freunde halfen uns auch auf andere Weise, ohne dass wir sie darum bitten mussten. Mein Freund Mike holte unsere Post und schickte sie mir nach Phoenix. Einige Cheerleader waren vorübergehend in unsere Wohnung gezogen, um dort nach dem Rechten zu sehen. Und als unser Vermieter von dem Unfall erfuhr, beruhigte er mich. Ich solle mir keine Gedanken machen. Wir könnten die Miete auch später zahlen. Das sei auch in Ordnung, nur sollten wir es doch bitte nicht vergessen. Seine Großzügigkeit und Freundlichkeit erfüllten mich mit großer Dankbarkeit.

In Albuquerque hatte Krickitt Besuch von einigen Freundinnen bekommen. Nachdem sie nach Phoenix verlegt worden war, kamen andere alte Freundinnen zu Besuch und schmückten ihr Krankenzimmer mit Weihnachtslichtern und einem kleinen Baum.

Auch Krickitts frühere Mitbewohnerinnen Lisa und Megan besuchten Krickitt in Phoenix zum ersten Mal. Bei ihrem Besuch sah Krickitt schon deutlich besser aus als auf der Intensivstation in Albuquerque. Trotzdem lag noch ein langer Weg vor ihr. Ich sah sie jeden Tag und hatte mich an ihren Anblick gewöhnt. Daher kam ich gar nicht auf den Gedanken, dass jemand, der sie seit dem Unfall nicht mehr gesehen hatte, schockiert sein könnte über ihr Aussehen. Ich hatte Lisa und Megan in keiner Weise auf Krickitts Anblick mit ihrem teilweise rasierten Schädel, ihrem starren Blick und dem geschundenen Gesicht vorbereitet. Am Tag ihres Besuchs eilte Lisa sofort ins Zimmer, um ihre Freundin zu begrüßen. Bei ihrem Anblick begann sie zu zittern. Sie öffnete den Mund, doch es kam kein Wort über ihre Lippen. Schnell führte ich sie in einen Besuchsraum am Ende des Ganges. Wir blieben einige Minuten dort, weinten gemeinsam, bevor Lisa bereit war, in Krickitts Zimmer zurückzukehren.

Lisa und Megan und die anderen engen Freunde, die uns sehen wollten, kamen mir beinahe vor wie Besucher von einem anderen Stern. Sie lebten in der Welt der Normalität, in der die Menschen aufstanden, frühstückten, zur Arbeit gingen, Fernsehen schauten, auswärts in Restaurants aßen, Zeitschriften lasen, Rasen mähten und alle anderen normalen alltäglichen Dinge des Lebens verrichteten, ohne darüber nachzudenken. Meine Welt bestand aus Ärzten, Krankenhäusern, Krankenhausessen, Therapie, dem Zusammenleben mit meinen Schwiegereltern, Auseinandersetzungen mit Versicherungsgesellschaften und Arztrechnungen und meinen Besuchen bei Krickitt. Mein Job, meine Mannschaft, meine Freunde, mein Eheleben – das alles war in weite Ferne gerückt.

Die Therapie schlug sehr gut an. Bereits nach kurzer Zeit waren deutliche Fortschritte bei Krickitt zu verzeichnen. Morgens wirkte sie kräftiger, wacher und war redseliger. Der beunruhigende starre Blick war fast verschwunden, und sie beteiligte sich zunehmend natürlicher an Gesprächen.

Die Therapeuten gingen jedoch noch sehr vorsichtig mit ihr um. Sie gestatteten nur langsame Bewegungen, legten ihr beim Gehen ein Korsett an und ließen sie einfache Puzzles legen. Sobald sie in der Lage war, einem Gespräch zu folgen und Fragen zu beantworten, begannen die Ärzte mit der Einschätzung ihres Erinnerungsvermögens und ihrer anderen geistigen Fähigkeiten. Auf Fragen antwortete sie anfangs wie ein kleines Mädchen, machte lange Pausen und äußerte sich in ein- und zweisilbigen Wörtern. Die Antwort zu formulieren bedurfte ihrer höchsten Konzentration, und sie sprach langsam und vorsichtig, als wären die Wörter ihr nicht vertraut. Doch das besserte sich von Tag zu Tag.

Mich überraschte es gar nicht, dass Krickitt nur wenige Tage, nachdem sie die unteren Ebenen des Komas verließ, in ihr Tagebuch schreiben wollte. Sehr langsam diktierte sie ihrer Freundin Julie die Einträge. „Das Leben ist sehr gut. Die Therapie verwirrt mich manchmal. Ich vermisse das Bibellesen und die Veranstaltungen in der Kirche, aber so ist es nun mal. Gott ist da. Er hält mich in seiner Hand. Dort bin ich sicher. Ich erlebe, wie er in meinem Leben wirkt. Das gefällt mir, und ich weiß, dass er mich zu seiner Zeit gebrauchen wird."

Meine Frau war vielleicht ein wenig desorientiert und hatte einen Teil ihres Gedächtnisses verloren, aber ihren Gott kannte sie! Sie wusste, dass er alles in der Hand hielt und dass er in ihrem Leben wirkte und sie zu seiner Zeit gebrauchen wollte.

Kurz danach begleitete ich Krickitt zu einem ihrer

Therapeuten, der feststellen wollte, woran sich Krickitt noch erinnerte. Sehr vorsichtig stellte er ihr verschiedene Fragen. Ihr Satz „Ich liebe dich" war für mich das erste Anzeichen gewesen, dass langsam alles wieder in die Spur kam. Ihren Tagebucheintrag über Gott wertete ich als weiteres Indiz dafür. Jetzt wartete ich auf den großen Durchbruch.

„Krickitt", begann der Therapeut mit beruhigender Stimme, „wissen Sie, wo Sie sind?"

Krickitt dachte einen Augenblick lang nach, bevor sie antwortete. „In Phoenix."

„Das stimmt, Krickitt. Wissen Sie, welches Jahr wir haben?"

„1965."

Sie wurde doch erst 1969 geboren, dachte ich. Panik erfasste mich. *Das ist nur ein kleiner Rückschlag – kein Grund zur Sorge*, versuchte ich mir einzureden.

„Wer ist unser Präsident, Krickitt?"

„Nixon."

Der war Präsident, als sie geboren wurde, rechtfertigte ich sie.

„Krickitt, wie heißt Ihre Mutter?", fragte der Therapeut weiter.

„Mary", erwiderte sie, ohne zu zögern … und ohne jegliche Gefühlsregung. *Jetzt kommen wir doch weiter. Danke, Gott!*

„Ausgezeichnet, Krickitt. Und Ihr Vater?"

„Gus."

„Das stimmt. Sehr gut." Er hielt kurz inne, bevor er fortfuhr: „Krickitt, wer ist Ihr Mann?"

Krickitt blickte mich mit ausdruckslosen Augen an. Ihr Blick wanderte zu ihrem Therapeuten zurück. Eine Antwort gab sie nicht.

„Krickitt, wer ist Ihr Mann?"

Krickitt blickte erneut zu mir hinüber und wieder zu ihrem Therapeuten. Bestimmt hörten alle mein Herz klopfen, während ich stumm und in stiller Verzweiflung auf die Antwort meiner Frau wartete.

„Ich bin nicht verheiratet."

Nein! Gott, bitte!

Der Therapeut versuchte es erneut. „Doch, Krickitt, Sie sind verheiratet. Wer ist Ihr Mann?"

Sie runzelte die Stirn. „Todd?", fragte sie.

Ihr früherer Freund aus Kalifornien? Hilf ihr, sich zu erinnern, Gott!

„Krickitt, bitte denken Sie nach. Wer ist Ihr Mann?"

„Ich habe es Ihnen doch gesagt. Ich bin nicht verheiratet."

5
IMMER WEITER:
„ICH KENNE DICH NICHT!"

Mir war, als hätte mir jemand ein Messer tief in die Brust gerammt. „Ich bin nicht verheiratet", hatte Krickitt ganz emotionslos behauptet. Ich sah ihr in die Augen, betete für den kleinsten Hinweis darauf, dass sie mich erkannte. Wie eine Fremde blickte sie mich an …

Bis zu diesem Punkt hatte ich die Hoffnung gehegt, dass meine Frau tief in ihrem Inneren wusste, dass ich ihr Mann war. Immerhin war ich seit dem Unfall kaum von ihrer Seite gewichen. Sie erkannte mich, wenn ich durch die Tür kam, und sie antwortete mir, wenn ich mit ihr sprach. Aber mir wurde bewusst, dass sie sich den Schwestern und Ärzten gegenüber genauso verhielt. Für meine Frau war ich einfach nur irgendeine Person, die sie bei ihrem Heilungsprozess unterstützte. Mit erschreckender Deutlichkeit erkannte ich auf einmal, dass sie überhaupt keine Ahnung hatte, wer ich war. Taumelnd verließ ich Krickitts Krankenzimmer und trommelte mit der Faust gegen die Wand im Flur. Nicht einmal der bohrende Schmerz in meiner gebrochenen Hand – die nur noch durch einen weichen

Gipsverband geschützt war – drang durch meinen Zorn zu mir durch.

So heftig meine Reaktion auch war, sie ebbte schnell ab. Völlig erschöpft und niedergeschlagen kehrte ich in Krickitts Zimmer zurück und stellte mich an ihr Bett. Sie blickte mich an, ohne irgendeine Empfindung zu zeigen. Sie schien einfach darauf zu warten, dass ich wie immer mit ihr sprach. Ich öffnete den Mund, doch ich stellte fest, dass ich nichts zu sagen hatte.

Krickitts Neuropsychologe im Barrow, Dr. Kevin Obrien, erklärte mir Krickitts Krankheitsbild. Der Unfall hatte bei ihr zwei Arten der Amnesie ausgelöst. Die erste war eine posttraumatische Amnesie, eine vorübergehende Desorientierung. Sie wusste nicht so genau, wo sie sich befand und was um sie herum geschah. Bei Krickitt ebbte diese Art der Amnesie bereits ab, und schon bald wäre sie vollständig verschwunden.

Die zweite Art der Amnesie hatte, zumindest für mich, gravierendere Folgen. Krickitt litt gleichzeitig an einer retrograden Amnesie, einem dauerhaften Verlust ihres Kurzzeitgedächtnisses. Dass sie die Erinnerung an Menschen und Ereignisse aus der fernen Vergangenheit wieder erlangt hatte, wussten wir bereits. Sie erinnerte sich an ihre Eltern, ihren Bruder und ihre Schwägerin. An ihre frühere Mitbewohnerin Lisa. Sie erinnerte sich sogar an ihren früheren Freund Todd, worüber ich mich natürlich besonders ärgerte. Aber die Erinnerung an die vergangenen achtzehn Monate und an das, was während jener Monate geschehen war, war vollkommen ausgelöscht. Meine Frau und ich hatten uns kennengelernt, hatten uns ineinander verliebt und uns verlobt. Doch sie erinnerte sich nicht mehr daran, dass wir geheiratet hatten, unsere Flitterwochen auf Hawaii verbracht und unser gemeinsames Leben in Las Vegas begonnen hatten. Sie erinnerte sich an nichts von all dem; und auch nicht an den Unfall.

Während der folgenden Tage betete ich viel für die Zukunft – *unsere* Zukunft. Seit die Rettungssanitäter Krickitt aus unserem Auto befreit hatten, war meine ganze Existenz darauf ausgerichtet, mein Leben mit ihr wieder aufzunehmen. Auf wundersame Weise hatte Gott ihr Leben verschont, und ich wollte nun unbedingt da weitermachen, wo wir auseinandergerissen worden waren. Aber eine gemeinsame Zukunft setzte voraus, dass wir auf einer gemeinsamen Vergangenheit aufbauten. Doch diese Vergangenheit war plötzlich nicht mehr da. Jetzt wusste ich nicht, wann die Erinnerung meiner Frau zurückkehrte und ob überhaupt. Doch egal, was passierte, ich hatte mein Eheversprechen nicht nur vor unseren Freunden und unserer Familie abgelegt, sondern auch vor Gott. Ich war Krickitts Mann, in guten wie in schlechten Zeiten. Und im Augenblick durchlebten wir tatsächlich die denkbar schlechteste Zeit, die ich mir vorstellen konnte.

Wenn ich nachts wach in meinem Bett lag, betete und überlegte ich, wie dieses neue Leben wohl aussehen würde. In der einen Minute empfand ich Angst, in der nächsten Zorn und eine nicht weichen wollende Verwirrung. Alle möglichen Fragen schossen mir durch den Kopf. *Wie wird sich das Leben von nun an gestalten? Was für ein Mensch wird*

Krickitt sein? Wird sie immer so bleiben? Steckt die junge Frau, die ich geheiratet habe, noch in ihr, oder ist sie für immer verschwunden? Wann werden wir wissen, dass der Heilungsprozess abgeschlossen ist, dass sich ihr Zustand nicht mehr bessern kann und wird? Diese Gedanken ließen mich nicht zur Ruhe kommen. Ich konnte nicht mehr schlafen, nicht mehr entspannen, den Stress nicht mehr abschütteln. Obwohl durchaus die Möglichkeit bestand, dass ein Teil von Krickitts Erinnerung zurückkam, wären bestimmte Dinge wohl für immer verloren, erklärten mir die Ärzte. Die Frage, die mich besonders quälte, war: *Gehöre ich vielleicht dazu?* Doch schnell schob ich diesen Gedanken beiseite. Ich wollte mir einfach nicht vorstellen, dass meine Frau sich vielleicht nie wieder an mich erinnerte.

Schon bald stellte sich eine gewisse Routine in Krickitts Therapie ein, und wir konnten einen stetigen Fortschritt ihrer Koordinationsfähigkeiten beim Gehen, Sprechen und Argumentieren erkennen. Doch das war ein mühsamer Prozess. Beim Gehen zum Beispiel zuckte ihr rechter Fuß nach vorn, den linken zog sie dann auf dem Boden hinterher. Ganz allmählich wurden die Bewegungen geschmeidiger und natürlicher. Es dauerte nicht lange, bis sie sich eigenständig anziehen, essen und alle grundlegenden Notwendigkeiten des Lebens selbst erledigen konnte.

Während jener ersten Wochen der Rehabilitation schien Krickitt nichts dagegen zu haben, dass ich in ihrer Nähe war, aber sie redete mit mir wie mit allen anderen vertrauten Gesichtern im Rehabilitationszentrum. Sie verhielt sich herzlich, freundlich, aber unsere Gespräche hatten keinerlei Tiefgang. Es war nur oberflächliches Geplauder.

Scott Madsen, Krickitts Physiotherapeut, hatte eine besondere Gabe, seine Patienten zu Höchstleistungen anzuspornen und dazu zu bringen, jeden Tag ein wenig mehr zu leisten, als sie für möglich hielten. Zu seinem Therapieplan für Krickitt gehörte Training auf dem Laufband, Arbeit mit den Hanteln und eine Reihe von Übungen, die ihr größtmögliche Mobilität und Kraft zurückgeben sollten.

Als Trainer beobachtete ich Scotts Arbeit sehr genau. Die Beziehung eines Physiotherapeuten zu seinem Patienten war mit meinem Verhältnis zu meinen Baseballspielern zu vergleichen, fand ich. Nachdem Scott ein oder zwei Wochen mit Krickitt gearbeitet hatte, hatte ich das Gefühl, dass er ihr nicht genügend abverlangte und die Therapie sie langweilte. Ich war überzeugt davon, dass sich Krickitt während der Therapie verausgaben musste. Sie brauchte jemanden, der sie ein wenig antrieb.

Schließlich sagte ich: „Scott, Sie fordern Sie nicht genug. Krickitt ist keine gewöhnliche Patientin. Sie war Leistungssportlerin. Ihr Körper war vor dem Unfall in Höchstform. Ich glaube, Sie sollten sie härter rannehmen."

Scott stimmte zu, dass Krickitt mehr leisten könnte, als sie tat. Seine Reaktion machte mir Mut, aber Krickitt hielt nicht viel von unserem Trainingsprogramm. Sie schmollte und jammerte, Scott verlange zu viel von ihr; er sei nie zufrieden.

Zwar stimmte es, dass Scott ihr jetzt mehr abverlangte als zuvor, doch so drastisch war diese Veränderung in ihrem Tagesablauf nicht. Obwohl sich Scott meiner Einschätzung angeschlossen hatte, stand für ihn doch immer das Wohl der Patientin an erster Stelle. Aber wenn man mit Krickitt sprach, bekam man einen anderen Eindruck. Sie stellte es so dar, als würde er sie quälen. Und während die Physiotherapie ihr immer mehr Kraft abverlangte, wurde Krickitts Laune zusehends schlechter.

Seit Krickitt wieder zu sprechen begonnen hatte, verhielt sie sich seltsam kindisch. Dieses ungewöhnliche Verhalten gab sich auch mit der Therapie nicht. Es schien zu einem Bestandteil ihrer Persönlichkeit geworden zu sein. Während ihrer Therapiesitzungen durchlebte sie wilde Stimmungsschwankungen und bekam Zornesausbrüche, die ein Kindergartenkind mit Stolz erfüllt hätten. Wenn sie böse auf mich war, wurde sie in ihren plötzlichen Wutausbrüchen sehr verletzend. Ihr Mangel an Feinsinn und Anstand verblüffte mich. Sie verhielt sich wie ein kleines Mädchen und hatte keine Scheu, ihrem Gegenüber unverblümt zu sagen, was sie von ihm oder seinen Äußerungen hielt. Dabei warf sie mit Schimpfworten um sich, die sie noch einen Monat zuvor niemals in den Mund genommen hätte. Von der höflichen, freundlichen und liebenswerten Krickitt der Vergangenheit war nicht mehr viel übrig.

Diese Verhaltensweisen waren, wie ich erfuhr, nicht ungewöhnlich für einen Menschen mit Krickitts Verletzungen. Sie waren zurückzuführen auf die Schädigung des vorderen Gehirnlappens – des Teils des Gehirns, der die Persönlichkeit, Emotionen und Entscheidungsfähigkeit kontrolliert. Auch der Parietallappen war in Mitleidenschaft gezogen, was bedeutete, dass vermutlich irreversible Veränderungen ihrer Sprache und ihrer mathematischen Verständnisfähigkeit zurückbleiben würden. Nicht nur ihr Körper war verändert, sondern auch ihre Persönlichkeit. Doch bis zu dem Zeitpunkt, da der Heilungsprozess für sie abgeschlossen war, konnte niemand voraussagen, wie viele Persönlichkeitsmerkmale vor dem Unfall sie zurückerlangen könnte.

Obwohl es durchaus einige beunruhigende Aspekte dieser neuen Persönlichkeit gab, wurden meine Ängste häufig verdrängt durch die guten Fortschritte in ihrem Heilungsprozess. Durch ihre Therapie wurde ihre körperliche Leistungsfähigkeit gestärkt. Das machte mir Hoffnung, aber noch mehr freute ich mich über ihre geistigen Fortschritte. Nach einiger Zeit hatte sie „Erinnerungsblitze" oder „Schnappschuss-Erinnerungen". Das waren Bilder, die ihr von einem bestimmten Augenblick des vergangenen Jahres in den Sinn kamen, doch leider konnte sie diese Erinnerungen aus ihrem Leben vor oder nach dem Unfall in keinen Zusammenhang bringen. Trotzdem setzte ich große Hoffnungen in diese Erinnerungsblitze. Mir war bewusst, dass sie der Schlüssel zu ihrer Erinnerung an unser gemeinsames Leben sein könnten, falls ich in einem davon vorkam. In einem dieser Schnappschüsse saß sie an einem Tisch im Freien, umgeben von üppig blühenden tropischen Pflanzen. Dieser Schnappschuss stammte von unserer Hochzeitsreise, doch leider war ich auf diesem inneren Foto nicht abgelichtet. Aber ich klammerte mich an diesen Erinnerungsfetzen, weil es ein weiteres Verbindungsstück zu ihrer – unserer – fehlenden Vergangenheit war.

Erstaunlicherweise hatte sich Krickitt ihren Glauben an Gott in ihrer Krankheit und trotz ihrer Defizite bewahrt. Das stärkte meine Hoffnung, dass alles wieder gut werden würde. Sie erinnerte sich an Dinge, die zu ihrem Glauben gehörten, wie aus ihrem ersten Tagebucheintrag nach dem Unfall deutlich wurde. Auch andere Äußerungen, die sie über diese „Sache mit dem christlichen Glauben", wie sie es nannte, machte, untermauerten diesen Eindruck. So durcheinander ihr Denken auch war, kurz nachdem sie aus dem Koma aufgewacht war, hatte sie Gott gelobt und zu ihm gebetet. Trotzdem hatte ich Sorge, ob Krickitts Glaube so unerschütterlich bleiben würde wie früher vor dem Unfall. In dieser Hinsicht beruhigte mich ihr Bruder Jamey. „Krickitts Glaube ist ein fester Bestandteil ihres Wesens, Kim – er gehört zu ihr. Ihre Seele hat keinerlei Verletzung davongetragen, weil sie unsterblich ist. Ihr Glaube wird immer da sein. Er ist auch jetzt vorhanden. Wir haben es doch erlebt. Gott hat aus irgendeinem Grund ihr Leben verschont, und ihr Glaube wird ihr durch diese schwierige Zeit helfen."

Die Ratschläge, Ermutigungen und die Liebe, die mir von Jamey und anderen Mitgliedern der Familie entgegengebracht wurden, halfen mir, nicht unter der Last zusammenzubrechen. Gott hatte meine Frau gerettet und mir liebevolle, hilfsbereite Menschen an die Seite gestellt, die mir zuhörten, wenn ich reden wollte. Als Mann hat man häufig das Gefühl, immer stark sein zu müssen und sich nichts anmerken lassen zu dürfen. Aber ohne meine Eltern, meine Brüder und Krickitts Familie, die mir einen Teil der Last abnahmen, hätte ich es ganz bestimmt nicht geschafft. Ich wäre zusammengeklappt.

Für Krickitt begann das neue Jahr mit einem gleichbleibenden, anhaltenden Fortschritt. Jede Woche konnten wir kleine Erfolge verzeichnen. Ihre Stimmungsschwankungen waren nach wie vor sehr stark und unberechenbar, und sie beschwerte sich regelmäßig darüber, dass Scott in ihrer Physiotherapie Höchstleistungen von ihr forderte. Doch ihr körperlicher Zustand besserte sich von Tag zu Tag, und sie gewann eine größere Unabhängigkeit. Zusammen mit dem Pflegepersonal unternahm sie kleinere Spaziergänge. Sie liebte diese Ausflüge, ganz besonders, als ihr gestattet wurde, das nahe gelegene Einkaufszentrum aufzusuchen. Ihre schwere Gehirnverletzung hatte ihre Liebe für schöne Schuhe nicht dämpfen können.

Es mag sich seltsam anhören, wenn ein Ehemann so etwas sagt, aber ich freute mich riesig über diese Begeisterung meiner Frau für diese Shopping-Ausflüge! Die Aussicht auf einen Einkaufsbummel veranlasste Krickitt natürlich, häufiger zu kleinen Spaziergängen aufzubrechen, was wiederum ihren Heilungsprozess förderte. Doch als Patientin des Krankenhauses durfte sie das Krankenhausgelände nicht allein verlassen.

Alle Patienten auf ihrer Station trugen Sicherheitsarmbänder, und vor jeder Tür hing ein Tastenfeld an der Wand. Wenn ein Patient sich einer Tür näherte, musste er stehen bleiben, bis ein Mitarbeiter des Krankenhauses einen Code eingegeben hatte. Falls jemand mit einem solchen Armband ohne Codeeingabe durch die Tür gegangen wäre, hätte ein Alarm angeschlagen.

Eines Tages ging ich mit Krickitt und einer Schwester durch den Flur. Wir blieben vor der Tür stehen, bis die Schwester den Code eingegeben hatte. Doch bevor die Schwester reagieren konnte, schoss Krickitts Hand blitzschnell vor und tippte die Zahlenfolge ein. Sie hatte die Schwestern beobachtet und sich den Code gemerkt. Als Folge davon musste der Sicherheitscode für den gesamten Krankenhaustrakt geändert werden. Obwohl das natürlich Umstände bereitete, war niemand böse auf Krickitt, weil es ein Beweis für die Fortschritte war. Es machte Hoffnung auf eine vollständige Heilung.

Unablässig suchte ich nach Wesenszügen der alten Krickitt. Ich glaubte ganz fest daran, dass sie wieder zu mir zurückkommen würde. Das gab mir die Kraft, sie in ihrem Rehabilitationsprogramm zu unterstützen. Als Ehemann konnte ich sie nicht erreichen, aber vielleicht könnte ich als ihr Trainer einen Durchbruch erzielen. Und so vertauschte ich eine Identität mit der anderen, begleitete sie zu ihren

Therapiestunden mit Scott und drängte ständig auf etwas mehr Tempo. Wenn Scott zehn Übungen zur Stärkung der Bauchmuskulatur forderte, verlangte ich zwanzig. Wenn sie fünf Minuten auf dem Laufband trainieren sollte, wollte ich, dass sie zehn Minuten drauf blieb. Natürlich war Krickitt von meiner neuen Funktion nicht begeistert.

In der zweiten Woche im neuen Jahr spielten Krickitt und ich einmal Whiffleball. Ich warf ihr den Ball zu und sie schwang den Schläger, verfehlte den Ball aber jedes Mal.

„Komm schon, Krick", trieb ich sie an, „ich weiß doch, dass du ihn treffen kannst. Lass es uns noch mal probieren."

„Ich bin müde", erwiderte sie schmollend wie eine Sechsjährige.

„Wir machen noch ein paar Schläge", ermutigte ich sie.

„Ich will nicht." Da war wieder die Erstklässlerin.

„Bitte?" Während ich noch sprach, warf ich ihr den Ball zu. Sie presste die Lippen aufeinander, holte weit aus und traf den Ball. Wir beide beobachteten, wie er über das Volleyballnetz flog.

„Das war es, Krick! Ein Superschlag!" Ich war begeistert.

„Du bist gemein zu mir."

„Nicht gemein", erwiderte ich. „Ich versuche nur, dir zu helfen." Zum tausendsten Mal fragte ich mich, wo die Frau geblieben war, in die ich mich Hals über Kopf verliebt hatte. Irgendwo in diesem Körper, der langsam wieder heil wurde, steckte sie und kämpfte sich an die Oberfläche. So musste es einfach sein. Eine andere Möglichkeit wollte ich gar nicht in Betracht ziehen.

Die täglichen Therapiestunden wurden für Krickitt zur Herausforderung. Es war nicht so, dass sie ihr körperlich zu viel abverlangten, aber sie war die meiste Zeit lustlos und nicht mit dem Herzen dabei. Sie machte ihre Übungen, weil es von ihr verlangt wurde, nicht weil sie unbedingt gesund werden wollte. Wenn sie zu entscheiden gehabt hätte, hätte sie diese Therapie abgebrochen. Manchmal machte sie eine Zeit lang gut mit, dann brach sie unvermittelt ab und sagte: „Ich bin müde, ich will mich hinsetzen."

„Komm, nur noch ein paar Übungen." Ich wollte nicht nachgeben.

„Ich will nicht! Hör auf, mir immer zu sagen, was ich tun soll! Du bist nicht fair!"

Manchmal, wenn sie im Schwimmbad an ihrer Beweglichkeit und Koordinationsfähigkeit arbeitete, hörte sie plötzlich auf und verkündete: „Ich gehe jetzt in die Badewanne."

Hätte ich ihre Therapie zu verantworten gehabt, hätte ich ihr niemals ein heißes Bad gestattet. Sie merken schon, ich steuerte den harten Kurs. Ihre Eltern und die Therapeuten im Barrow waren ein wenig nachsichtiger. Sie versuchten, einen Mittelweg zu finden und nach Möglichkeit auf ihre Wünsche einzugehen. Und Krickitt nutzte die Leute schamlos aus.

Eines der wenigen Dinge, an denen Krickitt wirklich Freude hatte, war das Essen. Joghurt mochte sie am liebsten. Wir nutzten diese Vorliebe als Druckmittel, um sie zu bewegen, Dinge zu tun, zu denen sie keine Lust hatte. Für einen Becher gefrorenen Joghurt überwand sie schon mal ihre Lustlosigkeit. Und sie war sehr gut darin, jemandem Schuldgefühle einzureden, der ihr eine Belohnung verweigerte, die sie ihrer Meinung nach verdient hatte. Doch damit hatte sie nur selten Erfolg.

*
* *

Was ich auch anstellte und wie sehr ich mich auch bemühte, es gelang mir nicht, mehr als eine oberflächliche Freundschaft zu meiner Frau aufzubauen. Wenn ich Volleyball mit ihr spielen wollte, hörte sie plötzlich mitten im Spiel auf. Wenn wir zusammen joggen gingen, wurden ihre Angriffe und Klagen sehr persönlich und verletzend. Ich wusste an einem Tag nie, was mich am nächsten erwartete. In der einen Minute war sie freundlich und lächelte mich an. Aber gleich darauf, wenn ich etwas sagte oder tat, das ihr nicht gefiel, schrie sie mich an: „Lass mich in Ruhe! Ich kenne dich doch nicht einmal!"

Eines Nachmittags betrat ich den Übungsraum in der physiotherapeutischen Abteilung. Früher am Tag hatte Krickitt mich wieder einmal sehr verletzt. Davon hatte ich mich noch nicht so ganz erholt. Sie lag auf dem Bauch auf einer Matte, das Kinn in die Hände gestützt, während ihre Füße abwechselnd auf und ab ruderten. Sie war still und nachdenklich.

„Worüber denkst du nach, Krick?"

Sie wandte mir das Gesicht kurz zu und drehte sich wieder weg. Einen kurzen Augenblick hielt sie inne, dann schüttelte sie langsam den Kopf.

„Das Leben ist so verwirrend", erwiderte sie langsam. Dann blickte sie mich erneut an und fragte: „Sind wir wirklich verheiratet?"

„Wir sind wirklich verheiratet, Krickitt. Ich liebe dich."

Stille. Und wieder ein Kopfschütteln.

Sah so unsere neue Realität aus? Vielleicht wartete ich auf etwas, das nie eintreten würde. Als ich den Raum verließ, schoss mir der Gedanke durch den Kopf: *Ist es das? Vielleicht muss ich mich damit zufriedengeben.* Zum ersten Mal ließ ich den Gedanken zu, dass meine Frau vielleicht nie wieder der Mensch sein würde, der sie vor dem Unfall gewesen war – die Frau, in die ich mich verliebt hatte. Vermutlich existierte die Frau, die ich geheiratet hatte, gar nicht mehr.

Uns war bewusst, dass Krickitts Heilungsprozess jederzeit und an jedem möglichen Punkt zum Stillstand kommen konnte. *Und wenn das geschieht, bevor sie sich an mich erinnert?* Dieser Gedanke ließ mir Tag und Nacht keine Ruhe. In gewisser Weise war die Vorstellung, dass meine Frau sich vielleicht nie mehr an mich erinnern und nie mehr dieselbe Frau sein würde, die ich geheiratet hatte, schwerer zu verkraften als der Tod. Wenn Krickitt bei dem Unfall ums Leben gekommen wäre, wäre unser gemeinsames Leben ganz klar beendet gewesen. Mit dieser schrecklichen Situation hätte ich sicherlich umgehen können, denn der Tod war etwas Endgültiges. Doch stattdessen erlebte ich etwas völlig Unbekanntes – ein Leben in einer verschwommenen emotionalen, geistlichen und beziehungsmäßigen Halbwelt, in der meine Frau noch bei mir war, gleichzeitig aber auch nicht mehr da war.

Manchmal fragte ich mich, wie unser Leben wohl ausgesehen hätte, wenn der Unfall nicht geschehen wäre. Ich dachte voller Sehnsucht zurück an unsere Träume, die sich nun niemals erfüllen würden. Ich trauerte um sie, aber ich kam auch zu der Erkenntnis, dass wir jetzt die Gelegenheit hatten, uns gemeinsam eine neue Zukunft aufzubauen. Meine Frau war mir nicht genommen worden. Sie konnte ihr Leben gestalten. *Wir* konnten unser Leben gestalten. Aber ich musste akzeptieren, dass es nicht das Leben wäre, das ich mir ausgemalt hatte. So schwer das auch war, ich lebte in dem Bewusstsein, dass Gott Krickitt aus einem ganz bestimmten Grund bewahrt hatte, den nur er allein kannte.

Nach einem Monat im Barrow teilten die Ärzte uns mit, dass Krickitt nun bald aus stationärer Obhut entlassen werden und sie die Therapie ambulant fortsetzen könnte. Krickitt würde bei ihren Eltern wohnen und könnte nun mehr Zeit mit ihrer Familie verbringen. Und sie bekäme mehr Abstand zu ihrem Physiotherapeuten, der sie ihrer Meinung nach immer noch zu sehr antrieb.

Am 13. Januar 1994, knapp sieben Wochen nach dem Unfall, zog Krickitt wieder in das Haus ihrer Eltern in Phoenix ein. Es schien ihr gut zu tun, wieder in ein vertrautes Umfeld zu kommen und von Dingen umgeben zu sein, die sie von früher kannte: die Bilder aus ihrer Studienzeit, Fotoalben, Sammelalben, die Möbel, mit denen sie aufgewachsen war, und Erinnerungsstücke aus ihrer Kindheit. Ihre Mutter zeigte ihr unsere Hochzeitsfotos. Der Fotograf hatte sie an Gus und Mary geschickt, während wir uns noch in Las Vegas einrichteten. Wir hatten vorgehabt, sie uns während unseres Besuchs zu Thanksgiving in Phoenix gemeinsam anzuschauen und die Fotos herauszusuchen, die wir für unser Hochzeitsalbum bestellen wollten.

Nebeneinander saßen wir auf der Couch, während Krickitt die Fotos von unserem großen Tag betrachtete. Wir hatten eine ganz traditionelle Hochzeit gefeiert: Krickitt in ihrem wunderschönen weißen Hochzeitskleid, ich im Frack mit weißer Krawatte, die von Kerzen erleuchtete Kirche. Ihre Eltern und ich hofften, dass diese Fotos einige dieser Erinnerungsblitze in Krickitt auslösen könnten und in ihr eine detailliertere Erinnerung an unsere Hochzeit wecken könnten. Sie erkannte die Braut auf den Fotos als sich selbst, aber das war auch alles. Noch immer empfand sie keine emotionale Verbindung zu mir ... und hatte auch kein Interesse daran, eine Verbindung zu schaffen.

Ihre Beziehung zu Gott dagegen war Krickitt sehr wichtig. Kurz nach ihrer Entlassung aus der Klinik sagte sie zu ihrer Mutter, sie hätte ein unbestimmtes Gefühl, dass in ihrem Leben irgendetwas fehlen würde. Es stellte sich heraus, dass ihr die Einträge in ihr Tagebuch fehlten, in denen sie Gott ihr Herz ausschüttete. Mit der Hilfe einer Freundin hatte sie einmal einen langen Eintrag gemacht, es dann aber für eine Weile wieder vergessen. Da ihr das jetzt wieder ein Bedürfnis war, zog ihre Mutter mit ihr los, um ein Tagebuch zu kaufen. Das schien die Lösung zu sein. Obwohl sie geistig noch häufig ziemlich durcheinander war, hatte ihr die Kommunikation mit Gott in ihrem Leben gefehlt, und sie wollte sie wieder regelmäßig in ihren Tagesablauf integrieren. Für mich war es nicht ganz leicht zu akzeptieren, dass meine Frau ihre Beziehung zu Gott wieder intensivieren wollte, aber nicht bereit war, sich auf mich einzulassen.

Die emotionale Berg- und Talfahrt ging also weiter. An einem Tag war ich ganz oben, weil Krickitt Erfolge in ihrem Heilungsprozess erlebte oder wieder einen Erinnerungsblitz gehabt hatte. Am nächsten stürzte ich ab in die tiefste Verzweiflung, weil sie mich wieder einmal verbal angegriffen hatte oder weil sie einen Erinnerungsblitz, ein Bild, ein Name, einen Brief nicht mit unserem gemeinsamen Leben in Verbindung brachte.

Zu dem Zeitpunkt, als Krickitt aus dem Krankenhaus entlassen wurde und wieder bei ihren Eltern einzog, hatte ich zwei Monate nicht mehr gearbeitet. Doch darüber machte ich mir keine Gedanken. Mein Denken kreiste ausschließlich um Krickitt und wie ich sie in ihrer Therapie unterstützen konnte. Die Universitätsverwaltung übte keinen Druck aus, und die Co-Trainer arbeiteten ohne mich daran, die Mannschaft in Topform zu bringen. Meine Eltern und Schwiegereltern waren jedoch davon überzeugt, dass ich an diesem Punkt am besten in meinen Alltag in New Mexico zurückkehren sollte. Sie schlugen vor, dass ich wieder in unsere Wohnung in Las Vegas einziehen und das Training meiner Mannschaft übernehmen sollte. Dabei könnte ich versuchen, wieder eine gewisse Normalität in mein Leben zu bringen. Zuerst war ich strikt dagegen, Krickitt zu verlassen. Aber je mehr ich mich mit diesem Gedanken auseinandersetzte, desto mehr kam ich zu der Einsicht, dass es für Krickitt und mich vermutlich das Beste wäre.

Ich rief Gilbert Sanchez an und teilte ihm mit, dass ich bereit sei, meine Arbeit wieder aufzunehmen. „Natürlich wollen wir Sie zurückhaben", erwiderte er, „aber wirklich erst, wenn Sie so weit sind. Lassen Sie sich Zeit."

„Ich habe mir viel Zeit gelassen", antwortete ich, „und wir alle brauchen jetzt wieder ein gewisses Maß an Normalität. Ich möchte meinen Beitrag dazu leisten, dass die Highlands Cowboys mit einem guten Ergebnis in die Saison starten."

Die Gründe, die ich für meine Rückkehr anführte, entsprachen der Wahrheit. Doch die tieferen Gründe für meine Entscheidung behielt ich Dekan Sanchez gegenüber für mich. Ich hatte das dringende Bedürfnis, endlich in eine Umgebung zurückzukehren, die für mich verständlich und vorhersehbar war und über die ich ein gewisses Maß an Kontrolle hatte. Durch Gottes Gnade hatte ich bis jetzt an Krickitts Seite sein können. Aber ich spürte, dass nun der Zeitpunkt gekommen war, unsere Zukunft in seine Hände zu legen. Ich musste jetzt alles an ihn abgeben und fest darauf vertrauen, dass Gottes Plan sich erfüllte, ob ich nun in Phoenix war oder in Las Vegas. Krickitts Eltern – Menschen, an die sie sich erinnerte und die sie liebte –, würden sich ihrer annehmen. Ich brauchte nicht vierundzwanzig Stunden am Tag in ihrer Nähe zu sein. Für mich wurde es Zeit, nach Hause zu fahren und dort alles für ihre Rückkehr vorzubereiten.

Der 1. Februar war offiziell mein erster Arbeitstag auf dem Campus. Vorher musste ich aber noch einmal kurz nach Las Vegas, um ein paar Dinge zu erledigen. Da ich nicht viel Zeit hatte, kündigte ich meinen Kurzbesuch nicht groß an. In Kürze würde ich ja offiziell zurückkehren, dann könnte ich mit allen reden. In der Umkleidekabine auf dem Campus fand ich ein selbst entworfenes Flugblatt, das zu Spenden für Krickitt und mich aufrief. Ein lieber Freund an der Universität hatte offensichtlich eine Spendenaktion initiiert, um uns zu helfen. Wir hatten kein Wort über die finanziellen Belastungen verloren, aber jeder konnte sich ausrechnen, was da zusammenkommen musste. Ich war tief gerührt von der Umsicht unserer Freunde in Las Vegas. Diese Menschen besaßen selbst nicht viel, aber sie waren zu einem Opfer für uns bereit. Noch kannte ich ja keine Einzelheiten, aber natürlich behielt ich für mich, dass ich das Flugblatt gefunden hatte.

In Phoenix verabschiedete ich mich von Krickitt und ihren Eltern. Dann kehrte ich nach Las Vegas zurück. Ich war tief gerührt von dem Empfang, der mir bereitet wurde. Unsere Wohnung war frisch geputzt, und ein Abendessen stand im Ofen. Beim Training am nächsten Tag waren die Spieler und meine Kollegen ganz besonders freundlich und entgegenkommend. Sie nahmen mir meine zweimonatige Abwesenheit nicht übel, sondern wünschten mir und Krikitt alles Gute. Es war ein beeindruckendes Zeugnis dafür, was Freundschaft bedeutet.

Nach dem ersten Training kamen einige Spieler auf mich zu und meinten, da seien ein paar Leute, die mit mir reden wollten. Mir war sofort klar, dass es mit diesem Spendenaufruf zusammenhing. Ich folgte den Spielern zu einer abgelegenen Stelle, wo einige Freunde und Mitarbeiter auf mich warteten.

Während ich mich noch überrascht gab, trat eine der Frauen vor. „Wir möchten Ihnen das hier geben", sagte sie und reichte mir einen großen Behälter voller Geld. Ich brauchte meine Überraschung nicht mehr länger zu spielen, denn ich war einfach überwältigt. Der Behälter enthielt wirklich *viel* Geld. Wochenlang hatten diese Freunde Kuchenverkäufe und Lotterien veranstaltet und Spenden gesammelt, um uns unter die Arme zu greifen. In dem Gefäß lagen Schecks von Menschen, die, wie ich wusste, kaum genügend Geld für ihren eigenen Lebensunterhalt hatten. Auch Richter und andere prominente Leute hatten sich an den Spenden beteiligt. Insgesamt reichte das Geld für zehn Flüge nach Phoenix und zurück.

Sofort entwarf ich den ehrgeizigen Plan, jede Woche für ein paar Tage nach Phoenix zu fliegen. Früh am Montagmorgen fuhr ich von unserer Wohnung zum Flughafen in Albuquerque – eine Fahrt von etwa zwei Stunden –, stieg in ein Flugzeug nach Phoenix und blieb bis Mittwochabend bei Krickitt. Am Donnerstag nahm ich den ersten Flug um 5 Uhr 30 nach Albuquerque zurück, fuhr nach Las Vegas und war rechtzeitig zur Stelle, um die Mannschaft auf die Spiele am Wochenende vorzubereiten. Bei unseren Auswärtsspielen saß ich auch am Steuer unseres Busses, was bedeutete, dass ich an den Sonntagabenden erst weit nach Mitternacht in unsere Wohnung zurückkehrte. Und am Montagmorgen fing der Kreislauf von vorn an.

Schon bald wurde deutlich, dass ich das auf Dauer nicht durchhalten könnte. Wegen meiner Rückenschmerzen litt ich an Schlafstörungen, und dieses neue unrealistische Vorhaben stellte eine zusätzliche Belastung dar.

Erschwerend kam noch hinzu, dass die Inkassoagenturen den Druck auf mich verstärkten. Allein Krickitts Arztkosten beliefen sich auf 200.000 Dollar. Dazu kamen noch meine Arztkosten, die Kosten für Krickitts noch nicht abgeschlossene Rehabilitation und andere Dinge, wie zum Beispiel ein neues Auto, die den Schuldenberg noch zusätzlich anwachsen ließen. Mittlerweile hatte sich auch unsere Autoversicherung quergestellt und verweigerte eine Kostenübernahme. Kurz nach dem Unfall hatte ich bei dem zuständigen Sachbearbeiter den Schaden gemeldet und eine Kostenübernahme beantragt, die allerdings abgelehnt wurde. Doch wir brauchten das Geld, um die Inkasso-Agentur in der angegebenen Frist zufriedenzustellen. Nun sah es so aus, als müssten wir vor Gericht gehen und unsere Versicherungsgesellschaft auf Übernahme der durch unsere

Prämien abgedeckten Kosten verklagen. Dazu müssten wir einen Rechtsanwalt beauftragen, was zusätzliche Kosten verursachte.

Und als wäre das nicht alles schon mehr als genug, war Krickitts Verhalten mir gegenüber manchmal unerträglich, sosehr ich mich auch auf meine Besuche bei ihr freute. Am Montagnachmittag fuhr ich gleich vom Flughafen ins Barrow, um sie bei ihrer Therapie zu unterstützen. Manchmal begrüßte sie mich freundlich, und manchmal ignorierte sie mich vollkommen und konzentrierte sich auf ihre Übungen.

Ich wünschte mir so sehr, dass Krickitt Fortschritte machte, aber ich musste vorsichtig agieren. In ihre Therapie einzugreifen war riskant. Ich konnte nie voraussehen, wie sie reagieren würde. Andererseits wusste ich aus meiner Arbeit als Trainer, dass man Menschen antreiben musste, damit sie ihr Potenzial ausschöpfen; sie selbst können ihre Leistungsfähigkeit nicht so gut einschätzen wie ein Trainer. Und so trieb ich Krickitt an, weil ich glaubte, dass es das Beste für sie sei. Doch immer wieder musste ich damit rechnen, dass sie darauf mit einem Wutausbruch reagierte.

„Hör auf mir vorzuschreiben, was ich tun soll! Lass mich in Ruhe!", schrie sie mich dann an.

„Ich will dir doch nur helfen, dass es dir besser geht", erklärte ich ihr dann. „Du willst doch weiterkommen, oder?"

„Ich hasse dich! Warum fährst du nicht einfach nach Las Vegas zurück oder wo du sonst herkommst?", warf meine Frau mir manchmal an den Kopf.

„Weil mir unsere Beziehung sehr wichtig ist und ich dich liebe."

Häufig erstarrte sie dann und wandte sich wortlos von mir ab. Diese Streitereien zermürbten mich.

Am Donnerstag, auf dem Rückflug nach Albuquerque, starrte ich im Licht der aufgehenden Sonne auf die Wüste hinab. Der schwache Schimmer des Sonnenaufgangs erinnerte mich an den Lichtschein, der die Kirche erfüllt hatte, als ich der Frau meiner Träume – der Frau, die Gott mir geschenkt hatte – entgegensah, die durch den Mittelgang auf mich zukam. Vor dem Altar hatten wir uns an den Händen gehalten und uns vor unseren Familien und den Menschen, die uns wichtig waren, ein Versprechen gegeben. Die Frau, die ich über alles liebte, hatte mir in die Augen geblickt und mit klarer, fester Stimme gesagt: „Endlich ist der Tag da, der Tag, an dem ich dir meine Hand zur Ehe reiche. Und ich fühle mich geehrt, deine Frau sein zu können. Ich gehöre dir, Kimmer. Und ich liebe dich."

Doch sie konnte sich nicht mehr daran erinnern. Sie wollte nicht mehr meine Frau sein. In ihrem Zustand der Desorientierung wusste sie nicht, was sie wollte. Ich hatte das Gefühl, dass sie keine Liebe mehr für mich empfand. Nur wenige Monate nach unserer Hochzeit schien die Frau, die ich geheiratet hatte, mich zu hassen. Und das brach mir das Herz.

6
EINE NEUE WELT: „WER IST DIESE FRAU?"

Egal, wie meine Frau für mich empfand, meine Liebe zu ihr war ungebrochen. Und ich war entschlossen, mein Versprechen, das ich ihr gegeben hatte, zu halten. Ich wollte ihr treu sein, für sie sorgen und ihre Bedürfnisse erfüllen. Auch wenn diese Zeit für mich sehr anstrengend war, körperlich wie emotional, behielt ich die wöchentlichen Besuche in Phoenix bei, um Krickitt nahe zu sein und sie bei ihrer Therapie zu unterstützen. Ich war unerbittlich in meinem Bestreben, sie an ihre körperlichen Grenzen zu treiben. Im Therapieraum mit ihr zusammen war ich nicht mehr der Ehemann, sondern nur noch der Trainer.

Krickitt wusste meine Bemühungen nicht zu schätzen. Im Gegenteil: Sie hasste mich deswegen und zeigte mir das auch unverhohlen. Manchmal reagierte sie still und gefügig, aber je mehr ich sie an ihre Grenzen trieb, desto häufiger reagierte sie mit Wutausbrüchen und verbalen Angriffen. Wie ein Kind vergaß sie sich manchmal bei dem, was sie sagte.

Die Ärzte hatten mich vor einem hemmungslosen Verhalten ihrerseits gewarnt, und es gab Zeiten, in denen „hemmungslos" ihr Verhalten nur im Ansatz beschrieb. Ich musste lernen, mit dem Unerwarteten zu rechnen. Andere Menschen hielten sie nicht davon ab, manchmal unangemessene Gedanken von sich zu geben oder ohne Vorwarnung auf mich loszugehen. Wenn ich mich dann wehrte, konterte sie mit Sätzen wie: „Du liebst mich nicht mehr. Du liebst mich nicht, weil ich behindert bin!" Ich muss zugeben, dass ich mich nach dem körperlichen Aspekt unserer Beziehung sehnte. Doch im Augenblick konnte ich es mir nicht vorstellen – an diesem Punkt war sie eher eine Tochter für mich und nicht meine Frau. Seltsamerweise scheute sie sich einige Stunden später nicht, laut zu verkünden, dass sie mich hasste. Krickitts Stimmungen waren unberechenbar. Man musste sich auf alles gefasst machen – jederzeit.

Krickitts Ärzte waren der Ansicht, ein Besuch in unserer Wohnung in Las Vegas könnte ihre Erinnerung an unsere Ehe wecken. Ihre Mutter begleitete sie nach Albuquerque. Auch meine Eltern wollten das große Ereignis miterleben. Wir alle hofften – entgegen aller Hoffnung –, dass die Erinnerung plötzlich zurückkehrte und sie wieder die Frau war, die sie vor dem Unfall gewesen war.

Als ich abends von der Arbeit nach Hause kam, begegnete Krickitt mir freundlich. Aber obwohl wir uns erst ein paar Tage zuvor gesehen hatten, zeigte sie keinerlei Interesse an mir. Ihre Mutter erzählte, sie hätte sich bei ihrer Ankunft im Wohnzimmer genau umgesehen, sich jedes einzelne Möbelstück, die Bilder an den Wänden und die

Bücher in den Regalen angeschaut, jedoch keinerlei Emotionen gezeigt. Sie stand mitten im Zimmer und sah sich um, und es wurde deutlich, dass sie keinerlei Erinnerung an die Wohnung hatte.

Krickitt fragte nach ihrem Porzellan. Ihre Mutter reichte ihr einen Teller. Krickitt betrachtete ihn und stellte ihn wieder fort. „Ein schönes Porzellan", bemerkte sie nur. Sie hatte keinerlei Erinnerung daran, es nach vielem Suchen und nachdem sie sich ausführlich mit ihrer Mutter und ihren Freundinnen beraten hatte, ausgesucht zu haben.

Als ich ihr unsere Wohnung zeigte, machte ich sie auf verschiedene Dinge aufmerksam, die, wie ich hoffte, eine Erinnerung in ihr wecken könnten: Fotos von uns beiden, Möbelstücke, die wir gemeinsam ausgesucht hatten. Aber nichts davon brachte ihre Erinnerung zurück. Meine Frau war eine Fremde in unserer eigenen Wohnung.

Krickitts Ärzte hatten vorgeschlagen, wir sollten uns ein Video von unserer Hochzeit ansehen. Sie hofften, das könnte eine Erinnerung in Krickitt an ihr Eheleben auslösen. Als ich sie fragte, ob sie sich das Video mit mir zusammen ansehen wolle, war sie einverstanden. Wir setzten uns auf die Couch und sahen uns die Trauung an. Sie wusste, wie wichtig es mir war, dass sie sich an etwas, irgendetwas, und sei es noch so unbedeutend, erinnerte, und sie wollte mich nicht enttäuschen. „Ich erkenne dieses Mädchen – diese Braut – in dem Video als mich", meinte sie nachdenklich, „aber ich empfinde keinerlei Verbindung zu ihr. Ich weiß nicht, was sie denkt und fühlt. Ich sehe, wie ihr euch das Eheversprechen gebt, aber es ist, als würde ich eine Freundin sehen. Ich kann nicht nachempfinden, was dieses Mädchen auf dem Bildschirm denkt." Ihre Stimme klang ruhig und sachlich, und ich merkte, dass sie nichts, aber auch gar nichts für mich empfand.

* * *

Einige Wochen später war ich wieder zu Besuch bei Krickitt. Nach ihrer Therapiestunde fragte mich Scott Madsen, ihr Therapeut, ob ich ihn später zum Spiel einer Basketballmannschaft begleiten wollte, die er betreute. Dankbar für die Gelegenheit, der Alltagsroutine einmal zu entkommen, nahm ich Scotts Einladung an.

Dieser gemeinsame Nachmittag tat mir unglaublich gut. Zwei Stunden lang vergaß ich alles um mich herum. Ich vergaß, dass meine Frau nicht wusste, wer ich war. Dass meine Schulden ins Unermessliche angestiegen waren und ich zu Tode erschöpft war. Ich verlor mich vollkommen in der Strategie des Spiels und fieberte mit Scotts Mannschaft mit.

Nach dem Spiel setzten wir uns ins Restaurant. Wir unterhielten uns kurz über die Leistung seiner Mannschaft, doch dann holte er mich in die Realität zurück. „Ich spüre, dass Sie langsam alle Hoffnung verlieren", sagte er. „Ich weiß ehrlich gesagt nicht, wie Sie das aushalten."

Wie kein anderer wusste er über Krickitts und meine Situation Bescheid, darum zögerte ich nicht, offen mit ihm zu reden. „Es ist schwer. Sehr schwer", gestand ich. „Manchmal habe ich das Gefühl, wir stehen vor einem Durchbruch, wenn sie sich an etwas erinnert, das ihr Leben mit meinem verbindet. Dann bin ich überglücklich. Doch dann tut oder sagt sie etwas ganz Hässliches, weil sie sich von mir in der Therapie zu sehr bevormundet fühlt – oder auch einfach nur so –, und dann zerreißt es mir das Herz. Dies ist der schwierigste Trainerjob, den ich je hatte."

„Wir können Krickitt helfen", fuhr Scott fort. „Körperlich macht sie unglaubliche Fortschritte. Wenn sie vor dem Unfall nicht Leistungssport betrieben und körperlich so fit gewesen wäre, wäre sie nie so weit gekommen. Aber Sie müssen auch an sich denken. Krickitt braucht einen Menschen, der stark, zuversichtlich und zur Vergebung bereit ist. Das sind Sie für sie. Aber Sie schaffen das nicht allein. Sie brauchen Gott, Kim."

„Sie haben recht", gestand ich. „Doch es fällt mir schwer, das zu verinnerlichen, wo ich meine ganze Kraft brauche, um einfach nur den Tag zu überstehen."

„Gott hat Sie nicht vergessen", sagte er mit ruhiger Zuversicht. „Gott wird Sie nie vergessen. Er hat versprochen, dass er Menschen, die Trost brauchen, nie im Stich lassen wird. Darauf können Sie sich verlassen. Er ist immer da. Seine Güte verbraucht sich nicht. Halten Sie sich an ihm fest, Kim. Er ist die größte Kraftquelle, die Sie haben. Auf ihn können Sie bauen. Und bitte, räumen Sie ihm den ihm zustehenden Platz in Ihrem Leben ein."

Als ich an jenem Abend in meinem Bett lag, dachte ich über Scotts Worte nach. Vielleicht hatte ich es tatsächlich versäumt, meine Sorgen und Ängste an Gott abzugeben. Vielleicht hatte ich in meiner abgrundtiefen Verzweiflung die wirkungsvollste Hilfe bei Krickitts Heilung übersehen. Natürlich hatte ich gebetet, sehr oft sogar. Aber ich hatte dabei Krickitt und meine Wünsche für sie und uns im Blick gehabt, nicht Gott und *seine* Wünsche für uns. Ich musste mich wieder mehr auf ihn ausrichten. Ich musste ihm mehr vertrauen, denn schließlich hat er alle Macht. Darum versprach ich Gott an jenem Abend, ihm und seiner alles umfassenden Macht wieder mehr zu vertrauen.

An jenem Abend dachte ich an die Nacht im Krankenhaus in Albuquerque zurück, als Krickitts Schädeldruck unaufhaltsam anstieg und wir nicht wussten, ob sie überleben würde. Während dieser bangen Stunden hatte ich das Leben meiner Frau stückweise immer mehr an Gott abgegeben. Scotts Rat drei Monate später war wie ein Auffrischungskurs darin, Gott und seiner Allmacht zu vertrauen und einfach loszulassen.

Je mehr mein Vertrauen in Gottes Weisheit und Macht wuchs, desto ruhiger wurde ich innerlich, obwohl ich wusste, dass Krickitt mir auch jeden Augenblick genommen werden könnte. Ich hatte den Punkt erreicht, wo in mir die leise Hoffnung aufflackerte, dass noch alles gut werden könnte. Aber ich musste auch mit der Möglichkeit rechnen, dass es anders kommen könnte. So sehr mich dieser Gedanke schmerzte, ich gab Gott und mir das Versprechen, auch weiterhin für Krickitt da zu sein – zumindest bis zu dem Tag, an dem sie meine Unterstützung nicht mehr brauchen und eigenständig leben könnte. Dann würde ich sie fragen, wie sie sich die Zukunft vorstellte. Wenn sie mich nicht mehr in ihrem Leben haben wollte, würde ich ihren Wunsch respektieren und sie gehen lassen. Mein Eheversprechen galt bis zu dem Tag, da der Tod uns voneinander trennen würde. Aber ich durfte auch die Realität nicht aus dem Blick verlieren. Oft fragte ich mich, wann es wohl so weit wäre. Eines Tages müsste ich mich dem stellen. Und ich konnte meine Angst, wie sie dann wohl entscheiden würde, nicht leugnen.

* * *

Immer wieder gab es vielversprechende Anzeichen, dass sie begann, ihr neues Leben zu akzeptieren. Eines Tages telefonierte ich mit ihrer Mutter. Sie erwähnte, dass Krickitt dem Therapeuten erzählt hätte, sie würde „diesen Typen, der immer anruft und sich in meiner Nähe herumtreibt", tatsächlich vermissen. Ich war überglücklich, dass sie sich an meine Besuche erinnerte und den Wunsch zu empfinden schien, mit mir zusammen zu sein, obwohl sie sich, wenn ich dann bei ihr war, nicht immer so verhielt.

Wenn ich in Las Vegas war, bemühte ich mich, jeden Tag mit ihr zu telefonieren. Eines Abends schaffte ich es nicht, mich zur üblichen Zeit bei ihr zu melden, weil es zu viel zu tun gab. Einige Stunden später läutete das Telefon. Das jagte mir einen Riesenschrecken ein. Krickitts Mutter war am anderen Ende. „Kim", sagte sie, „hier möchte dich jemand sprechen." Ich war außer mir vor Freude. Sie reichte den Hörer an Krickitt weiter.

„Hallo, hier spricht Krickitt."

„Hallo Krick, ich freue mich, dass du anrufst."

Stille. Dann: „Also, ich muss jetzt Schluss machen. Tschüss."

Das waren die schönsten Worte, die ich in den vergangenen Monaten gehört hatte. Es war der Augenblick, wo ich neue Hoffnung schöpfte, dass wir es vielleicht doch schaffen würden und Krickitt ganz tief in ihrem Inneren etwas für mich empfand, ihre Gefühle aber am Telefon nicht richtig ausdrücken konnte. Danach rief sie häufiger an, sagte ein paar Sätze und legte wieder auf. Aber es machte mir nichts aus, dass die Gespräche nur so kurz waren. Sie waren für mich die Bestätigung, dass meine Frau sich für mich erwärmte.

Einige Wochen nach diesem ersten Anruf von Krickitt hatte Mary weitere gute Nachrichten für mich. Krickitt hatte im Spiegel auf die Stelle gestarrt, wo ihr Schädel bei dem Unfall eingedellt worden war. Sie betrachtete sie genau und betastete sie mit den Fingerspitzen.

„Hmmm", sagte sie. „Vielleicht hatte ich diesen Unfall ja wirklich."

Seit Krickitt aus dem Koma erwacht war, hatte sie das Gefühl, in einer Traumwelt zu leben, in der wir alle eine Rolle übernommen hatten, erklärte sie uns. Hartnäckig beharrte sie darauf, es hätte keinen Unfall gegeben und sie wäre nie verheiratet gewesen. Sie glaubte, einen Albtraum zu erleben, und wüsste, dass sie irgendwann aufwachen würde. Ihre Reaktion vor dem Spiegel war das erste greifbare Anzeichen dafür, dass sie anfing, die Realität zu akzeptieren, die Möglichkeit einzukalkulieren, dass ihre Traumwelt vielleicht doch real war.

Das war für mich eine Gebetserhörung und machte mir Hoffnung. Krickitts nächster Besuch in Las Vegas einige Wochen später war dann aber wieder eine große Ernüchterung. In unserer Wohnung sah sie sich wie bei ihrem ersten Besuch alles genau an. Sie war nicht verwirrt oder desorientiert, aber nicht, weil sie sich erinnerte, hier früher einmal mit mir gelebt zu haben. Sie erinnerte sich an ihren Besuch wenige Wochen zuvor. Wie beim ersten Mal sahen wir uns das Porzellan an, die Hochzeitsfotos und das Hochzeitsvideo. Es schien ihr gut zu gefallen, aber es half ihr nicht, eine Verbindung zu ihrer Vergangenheit herzustellen.

Bei Krickitts zweitem Besuch in Las Vegas wurde in den Medien zum ersten Mal über unsere Geschichte berichtet. An jenem Freitag erschien im Sportteil der *Daily Optic* ein Artikel über das bevorstehende Baseballspiel meiner Mannschaft. Darin wurde meine Aussage zitiert, meine Frau wäre mein wichtigster Fan in der Zuschauermenge.

„Vor dem Unfall war unser wichtigstes Ziel zu siegen", hieß es da. „Erst durch diesen schrecklichen Unfall habe ich erkannt, dass der Sieg nicht alles ist. Erst wenn man einmal so etwas durchgemacht hat, kann man das begreifen. Meine ganze Einstellung zum Leben hat sich verändert. Man lernt, das Leben viel stärker zu respektieren. Meine Prioritäten haben sich verschoben." Das war eine Untertreibung.

Wie bei ihrem ersten Besuch hatte Krickitts Mutter sie wieder nach Las Vegas begleitet. Vor dem Rückflug nach Phoenix ließ Mary uns am Gate für einen Augenblick allein, damit ich mich von Krickitt verabschieden konnte.

Ich hielt ihr wunderschönes Gesicht in den Händen.

„Ich liebe dich, Krickitt", sagte ich.

„Ich liebe dich auch." Ihr Mund sprach, aber ihre Augen blieben stumm. Sie umarmte mich schnell, wie sie jeden umarmt hätte, den sie mochte. Während wir uns in den Armen hielten, warf ich einen schnellen Blick zu meiner Schwiegermutter im Wartebereich hinüber. In ihrem Gesichtsausdruck entdeckte ich dieselbe überwältigende Enttäuschung, die sie zweifellos in meinem erkannte.

Krickitts Fortschritte waren schließlich so groß, dass Dr. Singh und die anderen aus dem Team im Barrow ein vorsichtiges Datum für ein Ende des ambulanten Rehabilitationsprogramms festsetzten. Trotz ihrer großen Erinnerungslücken freute sich Krickitt auf ihre Rückkehr nach Las Vegas. Obwohl sie nach wie vor ganz unvermittelt auf mich losging, waren wir doch eindeutig dabei, unsere Beziehung wieder aufzubauen.

In Bezug auf unsere Beziehung war Krickitt immer noch hin und hergerissen. Nicht immer akzeptierte sie mich als ihren Ehemann. Doch irgendwie akzeptierte sie in den Augenblicken geistiger Klarheit, dass wir verheiratet waren. Und sie wollte von ganzem Herzen an dieser Ehe festhalten. Das wusste ich damals allerdings nicht.

In ihrem Tagebuch aus jener Zeit heißt es: „Lieber Herr, … ich möchte wirklich zurück zu Kimmer und unser gemeinsames Leben wieder in Gang bringen. Ich verlasse mich darauf, dass du alle meine Gefühle für ihn erneuerst. … Danke, dass du unser Leben bei dem Unfall bewahrt hast, und ich bitte dich, dass du uns zu deiner Ehre gebrauchst. Bitte stärke unsere Ehe und lass uns noch enger zusammenwachsen als am Anfang. Hilf uns, eine Einheit zu werden. Wir setzen unser Vertrauen auf dich und danken dir. … Ich möchte wieder so werden, wie ich war, und nach deinem Willen leben."

Obwohl ich keinen Anteil hatte an dem, was in Krickitts Geist oder Herz vorging, wusste ich jetzt wenigstens, dass sie mich an den Tagen, an denen ich nicht mit ihr telefonierte oder bei ihr war, vermisste. Es gab sogar Zeiten, wo sie das Zusammensein mit mir genoss und wir uns tatsächlich wieder näherkamen. Solche Augenblicke gaben mir Kraft, und ich überlegte fieberhaft, wie ich solche Gelegenheiten häufiger herbeiführen könnte.

Das Datum von Krickitts Entlassung aus der ambulanten Reha, das wir ins Auge gefasst hatten, rückte näher, und wir beide waren nicht sicher, ob sie das Rehabilitationsprogramm tatsächlich abschließen und nach Las Vegas zurückkehren könnte. Diese Unsicherheit war für uns beide eine große Belastung. Die Ärzte im Barrow bescheinigten ihre unglaublichen Fortschritte und schrieben in ihrem Bericht: „Sie wartet ungeduldig darauf, zu ihrem Mann nach New Mexico zurückzukehren." Obwohl es ihr schon sehr viel besser ging, waren körperliche Einschränkungen zurückgeblieben. Zum Beispiel durfte sie noch nicht Auto fahren, weil ihre Sehkraft immer wieder plötzlich nachließ. Doch am Ende wurde ihre Entlassung befürwortet, und am 14. April 1994 kam Krickitt nach Hause.

Vier Tage später feierten wir unseren siebenmonatigen Hochzeitstag. An diesem Tag hatte Krickitt zwei Drittel unserer Ehe im Krankenhaus verbracht, und ich hatte mich während jener Zeit gefragt, ob meine Frau sich jemals wieder daran erinnern würde, dass sie mich tatsächlich einmal geheiratet hatte.

Auch wenn ich mich auf Krickitts Rückkehr nach New Mexico vorbereitet hatte, wurde sehr schnell deutlich, dass in unserem Zusammenleben die Katastrophe vorprogrammiert war. In der Nähe des anderen konnten wir nicht entspannen. Auch wenn sie mich in Phoenix vermisst hatte, konnte sie immer noch nicht akzeptieren, dass wir verheiratet waren, und sie wusste auch nicht, welche Rolle sie als Ehefrau hätte.

Kurz nach ihrer Rückkehr stand sie mit verwirrtem Gesichtsausdruck in der Küche. Ich fragte sie, was los sei. Sie brauchte eine Weile, um die richtigen Worte zu finden. Schließlich sagte sie: „Wie habe ich dieses Ehefrau-Dingsbums gemacht?"

Ich fragte sie, was sie meinte.

„Du weißt schon, dieses Ehefrau-Dingsbums. Habe ich für dich gekocht? Habe ich dir Mittagessen zubereitet? Habe ich dir nachgewunken, wenn du morgens aus dem Haus gegangen bist? Ich weiß gar nicht, was von mir erwartet wird. Ich bin so verwirrt. Ich akzeptiere, dass ich wohl mit dir verheiratet bin. Ich mag dich und vermisse dich, wenn du nicht da bist." Sie hielt kurz inne und fuhr dann fort: „Ich weiß, dass du an meiner Seite gestanden hast. Du bist immer da, wenn ich dich brauche. Ich weiß das alles. Ich weiß es im Kopf. Aber ich fühle es nicht. Ich habe keine Erinnerung daran, dass ich mit dir verheiratet bin. Ich wünschte, es wäre so, aber es ist nicht so."

* * *

Wenn ich morgens zur Arbeit ging, blieb Krickitt allein in der Wohnung zurück. Das machte mir Sorgen. Schon im Krankenhaus in Phoenix war sie gern allein losgezogen. Ich hatte Angst, dass sie weggehen und sich verlaufen könnte.

„Versprich mir, dass du nicht auf eigene Faust losziehst und verlorengehst", sagte ich.

„Ich verspreche es", erwiderte sie leise.

Nur einen oder zwei Tage später bekamen wir Streit, und bevor ich mich versah, war sie verschwunden. Ich fand sie eine halbe Meile von unserer Wohnung entfernt. Von einer Telefonzelle aus telefonierte sie mit ihrer Mutter.

„Du hast mir versprochen, nicht davonzulaufen", sagte ich streng, als wir in die Wohnung zurückkamen.

„Ich brauche dir gar nichts zu versprechen!", rief sie, rannte ins Schlafzimmer und knallte die Tür hinter sich zu.

„Krickitt!", rief ich.

„Geh weg! Ich hasse dich!", schrie sie. Dann hörte ich, wie sie in Tränen der Frustration und des Zorns ausbrach. Ich entfernte mich von der Tür und wartete ab, bis sie sich beruhigt hatte.

So ging das immer weiter. Wir erlebten schöne Augenblicke der Nähe, in denen wir in unserer Beziehung weiterkamen. Doch bald bekam sie wieder aus heiterem Himmel einen ihrer Wutausbrüche, der einem missgelaunten Teenager alle Ehre gemacht hätte. Manchmal verlor sie vollständig die Kontrolle über sich, was ihr dann sehr schnell leidtat. Sie verstand sich selbst nicht mehr.

Obwohl es bei uns zu Hause recht turbulent zuging, war ich froh, dass diese wöchentlichen Besuche in Phoenix wegfielen. Jetzt konnte ich meine ganze Kraft wieder auf meine Arbeit konzentrieren und meine Mannschaft zum Erfolg führen. So dringend wie nie zuvor brauchte ich einen Erfolg in meinem Leben.

Doch mein Leben zu Hause war eine Katastrophe, und ich war körperlich zu erschöpft und gestresst, um meiner Mannschaft ein guter Trainer zu sein, und ich hatte keinen Zufluchtsort, an dem ich etwas Ruhe hätte finden können. Körperlich machte Krickitt große Fortschritte, aber unsere Beziehung lag in Trümmern. Wir lebten zwar zusammen, aber nicht als Mann und Frau. Unser Verhältnis war immer noch eher das eines Vaters zu seiner Tochter oder eines Trainers zu seinem Spieler.

Während dieser Zeit bekam Krickitt schon wegen der kleinsten Kleinigkeit einen Wutausbruch. Sie vergaß, wo sie bestimmte Dinge in der Wohnung untergebracht hatte. Kaum einmal gelang es ihr, einen ganzen Tag zu überstehen, ohne etwas zu zerbrechen. Sie ermüdete schnell. Da sie noch nicht selbst Auto fahren durfte, langweilte sie sich den ganzen Tag allein in der Wohnung. Im Gespräch mit mir oder anderen Menschen lachte sie plötzlich los, wenn sie eigentlich weinen wollte, und häufig unterbrach sie andere mitten im Satz, um eine lange Geschichte über ein vollkommen zusammenhangloses Thema zu erzählen.

Es war, als steckten zwei Frauen in ihrem Körper. Die eine war freundlich und sanft und gab sich große Mühe, unsere Ehe wieder aufzubauen. Die andere war ein mürrischer Teenager mit einem aufbrausenden Temperament, der mich mit seinen Worten permanent verletzte.

Mir war bewusst, dass sie häufig Schmerzen haben musste, denn ihre Verletzungen waren weit schlimmer gewesen als meine, und auch ich hatte noch unter den Folgen des Unfalls zu leiden. Mein Rücken machte mir nach wie vor zu schaffen. Doch das war nicht das eigentliche Problem. Ich litt an einem posttraumatischen Stresssyndrom. Das, sagte der Arzt, sei einer der Hauptgründe dafür, dass ich permanent unter Strom stand und nicht schlafen konnte. Er verschrieb mir Antidepressiva, Schmerzmittel und starke Schlafmittel.

Und als wäre das Leben zu Hause nicht schon schwer genug, verstärkten die Inkassoagenturen nun den Druck. Seit die Inkassoagenturen nur wenige Wochen nach dem Unfall erste Ansprüche angemeldet hatten, ließen sie uns nun keine Ruhe mehr. Wie sich herausstellte, war das Fahrzeug des Unfallverursachers nicht versichert gewesen, sodass unsere Versicherungsgesellschaft alle Kosten übernehmen musste.

Die aber verweigerte eine Kostenübernahme. Wir mussten einen Anwalt einschalten.

Die Schlinge zog sich immer mehr zu. Ich fühlte mich machtlos, hatte keine Kontrolle mehr über mein Leben und konnte sie auch nicht mehr zurückerobern. Es wurde mir alles zu viel. Aber für Gott war nichts verloren. Wie so oft in den vergangenen Monaten kam er mir zu Hilfe.

Gott zeigte mir, was zu tun sei, das erstaunte mich nicht. Doch ich war verblüfft, durch wen er mir Hilfe schickte: durch meinen unmittelbaren Vorgesetzten Rob Evers. Rob war nicht nur ein Kollege, sondern auch ein guter Freund. Er hatte es mir ermöglicht, in Phoenix an Krickitts Seite zu bleiben, und mir meine Stelle offengehalten, obwohl ich nicht wusste, ob ich jemals zurückkommen würde. Er wusste um meine emotionale Verfassung und wie mich das Pendeln zwischen Las Vegas und Phoenix körperlich ausgelaugt hatte. Und jetzt erlebte er meine Kämpfe zu Hause und mein Bemühen, meiner Mannschaft ein guter Trainer zu sein, aus erster Hand mit.

Mehrere Monate nach Krickitts Heimkehr bat mich Rob in sein Büro. Als ich vor seinem Schreibtisch Platz nahm, blickte er mich voller Mitgefühl an und sagte mir, seiner Meinung nach brauche ich eine Therapie.

„Krickitt ist die Patientin, nicht ich", widersprach ich.

„Um Krickitt mache ich mir keine Gedanken. Sie ist umgeben von Ärzten und Therapeuten, die ihr Wohlergehen im Blick behalten. Sie ist bestens versorgt. Und außerdem hat sie Sie, Kim, der sie liebt und sie umsorgt. Aber wer kümmert sich um Sie?"

„Ich komme schon klar", wiegelte ich ab. „Es wird schon. Krickitt geht es besser, und ich komme zurecht. Wirklich."

Rob war nicht überzeugt. „Kim, ich habe Sie im Umgang mit der Mannschaft beobachtet. Niemand stellt Ihr Engagement infrage. Aber Sie brauchen Hilfe. Sie brauchen eine Therapie, und zwar sofort. Wenn Sie sich weigern, können Sie nicht länger Trainer sein, sondern müssen einen Posten in der Verwaltung übernehmen."

Ich reagierte mit einem Wutausbruch. Meine Verbitterung wuchs, trotzdem spürte ich hinter seinen Worten die Sorge um mein Wohlergehen.

Rob gab mir ein paar Tage Bedenkzeit. Tief in meinem Inneren wusste ich, dass er recht hatte; ich wollte es nur nicht wahrhaben. Ich wollte stark sein für alle, die sich auf mich verließen. Meine Mannschaft brauchte einen Trainer, der sie zum Sieg führte. Meine Frau brauchte einen Mann, dem sie vertrauen konnte und der für sie da war. Ich wollte nicht wahrhaben, dass ich an beiden Fronten immer mehr an Boden verlor. Und natürlich wollte ich auf keinen Fall weitere Arztkosten produzieren. In dieser Hinsicht beruhigte mich der Sozialarbeiter der Hochschule, indem er mir versicherte, dass die Universitäts-Krankenversicherung die Kosten für meine Therapie übernehmen würde.

Am Ende traf ich die schmerzliche Entscheidung, von meinem Posten als Trainer zurückzutreten. Ich musste erkennen, dass ich nicht mehr in der Lage war, vollen Einsatz für meinen Job zu zeigen und mich gleichzeitig um meine Frau zu kümmern, wie sie es brauchte. Das war eine schmerzliche Entscheidung für mich, aber meine Liebe zu

Krickitt stand für mich an erster Stelle. Immerhin hatte ich ihr versprochen, mein Leben lang für sie da zu sein. Darum musste ich tun, was getan werden musste. Meiner Mannschaft hatte ich dieses Versprechen nicht gegeben, trotzdem hatte ich das Gefühl, die Jungs im Stich zu lassen. Aber ich hatte keine Wahl.

Es war die richtige Entscheidung, davon war ich überzeugt. Und nun konnte ich mich auf die Aufgabe konzentrieren, die mir die wichtigste war: die Fürsorge für Krickitt. Leider ging mein erster Versuch, etwas Schönes mit ihr zu unternehmen, gründlich daneben. An dem Wochenende nach meinem Ausstieg als Trainer der Highlands University besuchten wir beide ein Baseballspiel der Cowboys. Während des Spiels brach ein Streit auf dem Spielfeld aus. Damit konnte Krickitt nicht umgehen. Sie regte sich fürchterlich auf. Zudem machte mir der Trainer der gegnerischen Mannschaft unmissverständlich klar, dass dieser Streit niemals ausgebrochen wäre, wenn ich auf dem Spielfeld gewesen wäre und meine Pflicht getan hätte, wie es meine Aufgabe gewesen wäre. Trotzdem zweifelte ich nicht daran, dass ich die richtige Entscheidung für mich und Krickitt getroffen hatte, auch wenn andere das nicht so sahen.

Am Ende des Sommers hatte sich Krickitt so weit erholt, dass sie wieder zur Arbeit gehen konnte. Vor dem Unfall hatte sie als Krankengymnastin in einem Krankenhaus gearbeitet. Man hatte ihr die Stelle frei gehalten. Der Wiedereinstieg ins Berufsleben war ein großer Schritt. Denn dadurch bekam sie die Gelegenheit, sich ihr Leben Stück für Stück zurückzuerobern und einen Bereich ihres Lebens eigenverantwortlich zu gestalten. Als sie diesen Schritt unternahm, kamen Spuren der alten Krickitt wieder zum Vorschein. Ihr Verantwortungsgefühl war noch da – sie war immer bestens vorbereitet auf ihre Aufgaben und immer pünktlich. Es tat so gut, meine Frau wieder vor der Kulisse ihres alten Lebens zu erleben, umgeben von Fitnessgeräten. Ich war stolz auf ihre Leistung.

Doch in dem Maß, wie Krickitts Unabhängigkeit wuchs, verschlechterte sich unsere Beziehung. Gerade als ich dachte, unser Eheleben könnte nicht noch anstrengender und schwieriger werden, wurden Krickitts Wutausbrüche mir gegenüber noch brutaler als je zuvor.

Ein Streit in einer Waschanlage ist mir in lebhafter Erinnerung geblieben. Wir standen vor der Waschstraße und warteten auf unseren Wagen, als wir Streit bekamen. Innerhalb von nur wenigen Sekunden brüllten wir uns an, und Krickitt warf ihre Wasserflasche nach mir. Im nächsten Augenblick stapfte sie über den Bürgersteig davon. Ich war noch immer in meiner Bewegungsfähigkeit eingeschränkt und brauchte einige Minuten, bis ich sie in einem Fastfood-Restaurant eingeholt hatte, wo ich sie weinend und mit ihrer Mutter telefonierend antraf.

An einem anderen, besonders schlimmen Tag stritten wir wieder einmal ziemlich heftig. Sie schnappte sich eine Gabel vom Tisch, wirbelte herum und schleuderte sie auf mich. Die Gabel blieb neben mir in der Wand stecken.

„Lass mich in Ruhe! Ich hasse dich!" Solche Worte hatte ich nicht nur einmal, sondern hundert Mal gehört, doch dieses Mal bereiteten mir nicht Krickitts Worte Sorge, sondern ihre Verhaltensweise.

„Krickitt, reiß dich zusammen!" Wie üblich versuchte ich, ruhig auf ihren Wutausbruch zu reagieren, aber dieses Mal war mein Zorn groß. Wenn sie nicht so schlecht gezielt hätte, würde diese Gabel in meinem Gesicht stecken, nicht in der Wand.

„Hör auf, mich wie ein Kind zu behandeln!"

„Dann benimm dich nicht wie ein Kind!"

Der blanke Hass funkelte in den Augen meiner Frau. „Vielleicht sollte ich mir einfach die Pulsadern aufschneiden."

Das war der Tropfen, der das Fass zum Überlaufen brachte. „In der Küche findest du ein Messer", teilte ich ihr mit und deutete zur Küche.

„Du denkst, ich meine das nicht ernst, nicht? Vielleicht sollte ich mich aufhängen."

„Im Wagen liegt ein Seil."

Krickitt stürzte nach draußen und knallte die Tür hinter sich zu. In den wenigen Sekunden, die ich brauchte, um ihr nachzulaufen, war sie bereits verschwunden. Ich fand sie erschöpft und weinend hinter einem Auto auf dem Parkplatz eines Wohngebäudes in unserer Straße.

Ich brachte sie wieder in die Wohnung, und wir setzten uns im Wohnzimmer zusammen. Es folgte eine lange Stille.

„Ich vermisse die alte Krickitt", sagte ich schließlich.

„Ich vermisse sie auch", erwiderte sie.

Ich fragte mich, ob sie die alte Krickitt überhaupt kannte. Erst später wurde mir bewusst, dass Krickitt genauso frustriert war wie ich. Doch sie konnte ihre Gefühle nicht immer benennen und zuordnen. Der Unfall hatte sie verändert, das war ihr klar, aber auch sie wollte an unserer Ehe festhalten. Später las ich in ihrem Tagebuch: „Lieber Herr, ich danke dir sehr, dass du an meiner Seite und so treu bist. Ich brauche dich jetzt und jeden Tag. Ich erkenne, dass ich es nicht aus eigener Kraft schaffen kann. Ich brauche dich, damit du mir durch jeden Tag hilfst. Ich bete für [unsere] Ehe. Bitte sei du der Mittelpunkt und hilf uns, einander in Respekt und mit sehr viel Liebe zu begegnen. … Hilf mir, die Wesenszüge der alten Krickitt, die du geliebt hast, wieder zu Tage treten zu lassen. Bitte hilf mir und vergib mir alle meine Frustrationen."

* * *

Es dauerte nicht lange, bis wohlmeinende Menschen anfingen, mich indirekt, aber unmissverständlich zu fragen, ob ich nicht eine Scheidung als Möglichkeit in Betracht ziehen wollte. „An einem gewissen Punkt musst du einfach loslassen", sagten sie. Ein Sozialarbeiter erklärte mir: Bei einer so schweren Kopfverletzung eines Ehepartners läge die Scheidungsrate zwischen 80 bis 90 Prozent. Eine andere Person wies mich sogar darauf hin: „Wenn du diesen Weg wählst, brauchst du auch nicht Krickitts Arztkosten zu tragen. Durch eine Scheidung könntest du dir eine Menge Probleme vom Hals schaffen!"

Jedem, der mir mit einem solchen Vorschlag kam, gab ich eine einfache Antwort: „Nein, niemals." Eine Scheidung war für keinen von uns eine Lösung. Egal, ob Krickitt sich nun an mich erinnerte oder nicht. Egal, ob ich jeden Penny, den ich verdiente, brauchte, um unseren Lebensunterhalt zu bestreiten und unsere Schulden abzutragen. Egal, ob wir auf lange Sicht zusammen oder getrennt leben würden. Ich konnte mir einfach nicht vorstellen, mein Leben ohne die Frau, die ich liebte, zu gestalten. Schließlich hatte ich versprochen, sie zu schützen in guten wie in schlechten Tagen.

Aber gleichzeitig war mir auch bewusst, dass wir so nicht weitermachen konnten. In dem Maße, wie sich Krickitt körperlich erholte und wieder zu Kräften kam, verschlechterte sich unsere Beziehung. Wir entfernten uns emotional immer weiter voneinander.

Schon seit einigen Monaten beschäftigte mich eine Frage, doch ich wagte nicht, mit jemandem darüber zu reden. Krickitt erinnerte sich nicht an mich, das war klar. Ich fragte mich nun, ob wir tatsächlich einen gemeinsamen Haushalt als Mann und Frau führen sollten. Das gelang uns im Augenblick nicht besonders gut. Mehr und mehr kam ich zu der Überzeugung, dass es vielleicht meine Aufgabe war, als Ehemann, der seine Frau aufrichtig und selbstlos liebte, ihre Unabhängigkeit so weit wiederherzustellen, dass sie auch allein leben könnte, wenn es mit unserem Zusammenleben nicht klappte.

7
EINE ZWEITE CHANCE: UNSERE NEUE LIEBE

Anderthalb Jahre nach unserem Unfall hatte ich mich schließlich damit abgefunden, dass meine Frau niemals mehr dieselbe Person werden würde, die sie vor dem Unfall gewesen war. Zwar gab es Augenblicke, in denen ich einen Hoffnung weckenden Blick auf die Frau erhaschte, die ich geheiratet hatte. Für einen Bruchteil einer Sekunde erinnerte ich mich daran, wie es früher gewesen war. Aber diese kurzen Augenblicke erinnerten mich auch immer wieder an das Leben, das mir entrissen worden war und das ich nie zurückbekommen würde.

Krickitts Erinnerung an unser Kennenlernen, unsere Verlobung, Hochzeit und die Flitterwochen und an jedes kleinste Detail aus unserem gemeinsamen Leben vor dem Unfall war unwiederbringlich verloren. Mehr als ein Jahr lang war sie sich nicht einmal immer dessen bewusst gewesen, dass es in ihrem Leben eine Zeitspanne gab, an die sie sich nicht mehr erinnerte. Während jener Zeit war sie extrem verwirrt, weil sie nicht immer wusste, wer ich war oder warum ich überhaupt da war. Trotzdem lebte sie mit mir als meine Frau.

Ich versuchte, mir vorzustellen, was sie dabei empfunden haben mochte. Der Film *50 erste Dates* war noch nicht gedreht und würde erst ein Jahrzehnt später in die Kinos kommen. Aber jeder, der den Film mittlerweile gesehen hat, kann erahnen, wie das Leben für Krickitt an manchen Tagen gewesen sein muss. Zum Glück kam sie schließlich an den Punkt, wo sie akzeptierte, dass ihre Erinnerung an eine bestimmte Zeit in ihrem Leben für immer ausgelöscht war.

Freunde und Angehörige versicherten Krickitt in jener Zeit ständig, dass sie tatsächlich mit mir verheiratet sei. Ungezählte Male schaute sie sich das Video von unserer Hochzeit an und unsere Fotos aus den Flitterwochen. Im Lauf der Zeit realisierte sie, dass das Leben kein schlechter Traum war, aus dem sie irgendwann aufwachen würde. Was sie erlebte, war die neue Realität. Und so sehr sie mich zu Zeiten auch hasste, in denen sie sich nicht erinnern konnte, spürte sie immer, dass ich ihr Beschützer und Gefährte war. Ich musste in einer besonderen Beziehung zu ihr stehen, denn ich scheute keine Mühen, um ihr zu helfen. „Wenn ich mich schon einmal in diesen Mann verliebt habe", sagte sie, „dann geht das auch noch ein zweites Mal, denke ich."

Nach wie vor war es für mich ein Wunder, dass ihr Glaube und ihr Vertrauen in Gott keinen Schaden genommen hatten. Ihr Glaube an Gott war unerschütterlich, und nicht einmal dieser Unfall und seine Folgen konnten daran etwas ändern. Das hatte bereits ihr Bruder Jamey unmittelbar nach dem Unfall im Krankenhaus gesagt. Konnte dieser Glaube den Glauben an unsere Ehe irgendwie stärken und so die Kluft zwischen uns überbrücken oder wenigstens verhindern, dass sie noch breiter würde? Könnte ihr Glaube sie dazu bringen, an dem Versprechen festzuhalten, das sie mir gegeben hatte, auch wenn sie sich nicht an unsere Hochzeit erinnern konnte?

Ich wusste nicht mehr, was Krickitt von einer Minute zur nächsten dachte. Ihre Stimmungsschwankungen waren groß und nicht kalkulierbar. Wenn ich ehrlich bin, muss ich gestehen, dass unsere ganze Beziehung nicht mehr kalkulierbar war. Ich verstand Krickitt nicht mehr, ich kannte sie nicht mehr. Zeigte sich in ihrem Verhalten ihre eigentliche Persönlichkeit, wie immer sie aussehen mochte? Gab es eine Diskrepanz zwischen dem, was sie sagte, und dem, was sie tat? Wusste sie vielleicht in ihrem Kopf sehr genau, wie sie sich zu benehmen hatte, wie sie mit mir reden und ihren Zorn kontrollieren konnte? Oder war es ihr aufgrund ihrer Verletzung vielleicht einfach unmöglich, die Theorie in die Praxis umzusetzen? Aber vielleicht war ihr das alles ja auch gar nicht klar. Vielleicht kommunizierte sie ja offen und ehrlich, was sie dachte und fühlte. Vielleicht war das ja die neue Krickitt.

Zu den Spannungen in unserer Beziehung kam noch der finanzielle Druck. Die Inkassoagenturen saßen uns im Nacken, und außerdem forderte der noch laufende Rechtsstreit mit unserer Versicherungsgesellschaft meine Aufmerksamkeit. Vor unserem Unfall hatte ich nie mit einem Inkassomitarbeiter zu tun gehabt. In meinem ganzen Leben hatte ich nur einen einzigen Scheck ausgestellt, der nicht gedeckt war, und das nur, weil ich aus Versehen eine falsche Kontonummer angegeben hatte. Ich ging sehr verantwortungsbewusst mit meinem Geld um und hatte meine Versicherungsprämien immer pünktlich bezahlt, um im Falle eines Unfalls eine finanzielle Kernschmelze zu vermeiden. Doch jetzt war gerade dieser Fall eingetreten, obwohl ich vorgebeugt und verantwortungsbewusst gehandelt hatte. Eine Einigung mit der Versicherungsgesellschaft, deren Prämien ich nach wie vor treu jeden Monat bezahlte, war nicht in Sicht.

An manchen Tagen wurde mir alles zu viel. Ich sah keinen Ausweg mehr. Das emotionale Chaos, das in mir tobte, raubte mir den Schlaf. Auf meinen Traumjob hatte ich schon verzichtet, trotzdem kam ich in der Beziehung zu meiner Frau keinen Schritt weiter. Aber es gab auch gute Tage, an denen mir das Leben weniger schwarz und hoffnungslos erschien. In all dem klammerte ich mich an meinen Glauben an Gott. Er war mein einziger Halt. Und obwohl Krickitt für mich nicht mehr berechenbar war, zweifelte ich nicht daran, dass Krickitt genau wie ich an Gott festhielt. Er sorgte für uns. Selbst in unseren hässlichsten Streitereien war der Faden des Glaubens doch immer noch unsere Verbindung zueinander.

Als ich eines Nachts neben der schlafenden Krickitt im Bett lag, wurde mir wieder einmal neu bewusst, dass nur Gott unsere Ehe heilen konnte. Inzwischen konnten Krickitt und ich kaum im selben Raum sein, ohne miteinander in Streit zu geraten. Und das Problem war nicht nur bei Krickitt zu suchen, das musste ich mir eingestehen. Ich brauchte dringend Hilfe. Wir hatten uns festgefahren. Ich konnte Krickitt nicht der Ehemann sein, den sie brauchte. Gott müsste mich verändern. Ich schaffte das nicht allein. Während ich an die Decke starrte und Krickitts ruhigem Atem neben mir lauschte, ließ ich meine Gedanken wandern. *Gott, was tust du mit meinem Leben? Was tust du mit meinem Versprechen?*

Vor Gott und einer Kirche voller Zeugen hatte ich versprochen, Krisxan Pappas „in guten wie in schlechten Tagen" zu beschützen und für sie zu sorgen. Ich hatte versprochen, mich „ihrer Bedürfnisse und Wünsche" anzunehmen. Ich hatte ihr versprochen, treu zu sein. Dieses Versprechen hatte ich voller Überzeugung und Freude gegeben. Damals und jetzt hatte ich es ernst gemeint, und ich hatte nicht vor, mein Versprechen zu brechen. Aber ich wusste einfach nicht weiter.

Andererseits hatte Rob Evers mir ja bereits den Ausweg gezeigt, und so vereinbarte ich endlich einen Termin in der staatlichen psychiatrischen Klinik. Die Vorstellung, nun selbst therapeutische Hilfe in Anspruch zu nehmen, nachdem ich Krickitt zu so vielen Sitzungen begleitet hatte, war ungewohnt. Aber ich hatte wirklich keine Wahl. Ich hatte geglaubt, allein klarzukommen, hatte geglaubt, Krickitt bei ihrer Genesung zu unterstützen und uns wieder auf die Spur bringen zu können. Ein gutes Jahr hatte ich dafür investiert, aber ich war gescheitert. Ich hatte an meiner Frau versagt, und dieser Gedanke betrübte mich.

Mike Hill wirkte nicht wie andere Psychotherapeuten arrogant oder distanziert, sondern war sehr zugewandt, offen und absolut furchtlos. Seine professionelle Kompetenz und die Gespräche mit ihm halfen mir sehr, Ordnung in den Wirrwarr meiner Gedanken zu bringen.

Ich erzählte Mike unsere Geschichte und von meinem Entschluss, mich niemals von Krickitt scheiden zu lassen. Doch da sich unser Zusammenleben äußerst schwierig gestaltete, überlege ich, ob es nicht besser wäre zu versuchen, ihre Unabhängigkeit zu stärken, damit sie auf sich allein gestellt leben könnte.

Er hörte sich meine Ausführungen an und fragte schließlich: „Warum hat Krickitt Sie Ihrer Meinung nach geheiratet?"

„Weil ich lustig, charmant, klug und gut aussehend bin", scherzte ich. Mike lächelte, antwortete aber nicht. Er wartete geduldig auf eine ernst gemeinte Antwort.

„Ich glaube, weil ich ihr mit Respekt begegnet bin", erwiderte ich schließlich. „Ich habe mich für sie als Person interessiert, und ich glaube, das hat ihr gefallen. Uns verband eine tiefe Freundschaft, bevor wir uns ineinander verliebt haben. Von Anfang an war auch der Glaube in unserer Beziehung eine wichtige Komponente. Krickitts Glaube an Gott ist bewundernswert. An unserem ersten gemeinsamen Wochenende haben wir das Buch Hiob gelesen."

„Und wie begegnen Sie ihr jetzt?"

„Wie ein Vater. Wie ein Trainer."

„Dann hat sie also das Gefühl, mit ihrem Vater verheiratet zu sein?"

Jetzt musste ich lächeln. „Sie haben mich ertappt, Mike. Ehrlich gesagt, ich weiß nicht, was sie empfindet. Sie ist bereit, zu akzeptieren, dass wir verheiratet sind, weil ihr das immer wieder versichert wird. Und ich glaube ehrlich, dass sie mich als ihren Mann lieben möchte. Aber ich bin nicht sicher, ob sie tief in ihrem Inneren weiß, wer ich bin."

* * *

Nach einigen Gesprächen hatte Mike Einblick gewonnen in unsere Situation. Er fand, dass es gut wäre, Krickitt zu einer der Sitzungen mitzubringen. Sie war dazu bereit. Dieses gemeinsame Gespräch mit Mike war das Beste, was uns passieren konnte, und eine Gebetserhörung. Es löste den Knoten und half uns, unser Leben wieder in Einklang zu bringen.

Krickitt begleitete mich also zu meiner Therapiesitzung. Sie und Mike unterhielten sich eine Weile, dann sagte Mike: „Wissen Sie, Krickitt, wie es scheint, haben Sie keine Erinnerung daran, Kim kennengelernt, mit ihm befreundet zu sein und ihn geheiratet zu haben." So unglaublich es klingt, im Rückblick denke ich, dass das bisher niemand so deutlich ausgesprochen hatte.

Krickitts Gesicht leuchtete auf. „Genau!", rief sie aufgeregt. „Das stimmt! Kein Wunder, dass das alles so seltsam ist."

Natürlich war uns allen bewusst, dass Krickitt ihr Gedächtnis verloren hatte. Ihre Familie, Freunde und ich wussten, dass sie sich nicht daran erinnerte, mich kennengelernt und geheiratet zu haben. Allerdings hatten wir nicht realisiert, dass Krickitt trotz ihrer zahlreichen Gespräche während ihrer Rehabilitationsphase nie wirklich begriffen hatte, was mit ihr geschehen war. Die Leute hatten ihr immer wieder versichert, dass sie wirklich mit mir verheiratet sei, dass sie tatsächlich die Frau auf den Hochzeitsvideos sei und dass sie das Geschirr im Schrank selbst ausgesucht hätte. Aber niemand hatte ihr das so präzise und genau erklärt wie Mike an jenem Tag in seiner Praxis.

Krickitt wusste zwar, dass ihre Erinnerung an jene Zeit ausgelöscht war, doch der Gedanke, sie müsste mich kennen, hatte ihr sehr zu schaffen gemacht. Aber sie kannte mich nun mal einfach nicht. Erst jetzt begriff sie, dass sie mich oder das Geschirr in unserem Schrank nicht zu kennen brauchte. Es bedeutete nicht, dass sie verrückt war. Sie lebte nicht in einem Traum. Wegen ihrer Amnesie konnte sie sich nur nicht mehr an unser gemeinsames Leben erinnern. Und unter diesen Umständen *konnte* sie mich auch gar nicht kennen. Das bedeutet auch: Es war nicht ihre Schuld, dass sie sich daran nicht erinnern konnte.

Es ist schwierig, das nachzuvollziehen, nicht? Stellen Sie sich nur vor, wie das für Krickitt gewesen sein musste.

Mike erarbeitete also einen Plan. Wir hatten bereits festgestellt, dass unsere Rollen vertauscht waren. Wir lebten als Trainer und Sportler oder Vater und Tochter, nicht als Mann und Frau. Im Wesentlichen sah es so aus, dass ich bestimmte, was zu tun sei, und von Krickitt erwartete, dass sie meine Anweisungen befolgte. In unserer Beziehung gab es kein Geben und Nehmen wie in einer gesunden Ehe.

Mike half uns zu erkennen, dass wir wieder eine gleichberechtigte Partnerschaft aufbauen mussten, die durch die Ereignisse der vergangenen anderthalb Jahre auf der Strecke geblieben war. Wir mussten uns wieder gemeinsame Erinnerungen schaffen.

„Sie und Krickitt brauchen einen Neuanfang", erklärte Mike. „Krickitt kann nicht auf gemeinsame Erinnerungen mit Ihnen zurückgreifen. Gemeinsame Erinnerungen schaffen jedoch eine emotionale Bindung, die ihr fehlt. Sie kann sich nicht erinnern, Sie kennengelernt zu haben, und kann die Ereignisse, Emotionen und Entwicklung, die wichtig sind für eine glückliche Ehe, nicht abrufen. Ihre Erinnerung an diese emotionale Reise ist für sie ausgelöscht. Darum ist es doch kein Wunder, dass sie sich umschaut und denkt: *Wie um alles in der Welt bin ich hierhergekommen?*

Neue, gemeinsame Erinnerungen, die sie auch abrufen kann, werden diese emotionale Bindung zwischen Ihnen schaffen. Die alte Krickitt gibt es nicht mehr. Es wird Zeit, dass Sie die neue Krickitt kennenlernen. Und Krickitt sollte Sie kennenlernen."

„Und was tun wir jetzt?", fragte ich.

„Wie haben Sie die alte Krickitt kennengelernt?", fragte er zurück.

„Wir haben uns verabredet. Wir sind zu Baseballspielen, ins Kino, mit Freunden zum Essen ausgegangen …"

„Dann lernen Sie die neue Krickitt genauso kennen."

„Ich soll anfangen, mich mit meiner Frau zu verabreden?", überlegte ich laut.

„Das ist ein Weg, die Erinnerungen, die Krickitt verloren hat, zu ersetzen", erklärte er. „Für sie gibt es keine gemeinsame Vergangenheit mit Ihnen, nichts, worauf sich eine eheliche Beziehung aufbauen lässt. Es ist eine zweite Chance, sie noch einmal kennenzulernen."

Ich war begeistert von der Idee. Für mich war das in zweierlei Hinsicht eine zweite Chance. Zum Einen bekam ich so die Gelegenheit, unsere Beziehung wieder in Ordnung zu bringen. Meine erste Chance hatte ich nicht gut genutzt. Und zum Anderen hatte ich noch einmal die Gelegenheit, diese wunderbare Frau kennenzulernen. Unsere erste Phase des Kennenlernens hatte mir sehr gefallen, und ich hoffte, dass es beim zweiten Mal genauso schön wäre.

Ich nahm mir also Mikes Rat zu Herzen und begann, mich mit meiner Frau zu verabreden. Las Vegas in New Mexico ist nicht annähernd so aufregend wie die berühmtere Stadt gleichen Namens, aber ich versprach Krickitt, dass wir jede Woche etwas miteinander unternehmen würden. Es ging nicht darum, etwas Aufregendes zu erleben, sondern etwas *zusammen* zu erleben. Wir gingen zum Pizzaessen aus. Wir verabredeten uns zum Bowlen. Wir besuchten Basketball-Spiele oder gingen gemeinsam shoppen. In einem Laden ließen wir einen Verkäufer eine Tüte Süßigkeiten aussuchen und aßen sie dann gemeinsam mit den Mitarbeitern gleich auf. Krickitt bezahlte später die leere Tüte. Krickitt freute sich über die Unterbrechung der Routine. Ich auch!

Und bei unseren kleinen Ausflügen kamen wir auch tatsächlich sehr gut miteinander zurecht.

Doch es gab auch immer wieder Streit. Diese Auseinandersetzungen entstanden häufig auf dem Golfplatz. Beim ersten Mal schafften wir es nicht einmal bis zum dritten Loch. Krickitt stapfte in die eine Richtung davon, während ich mit dem Golfcart in die andere davonbrauste. Wir bewegten uns in der Welt des Sports, und raten Sie, was passiert war? Der Trainer und Vater in mir war wieder zum Vorschein gekommen. Natürlich gefiel das Krickitt überhaupt nicht.

Als wir wieder zusammenkamen, sagte mir Krickitt die Meinung. Sie ärgerte sich darüber, dass ich nicht akzeptierte, wer sie jetzt war.

„Es tut mir leid", entschuldigte ich mich. „Aber wenn du aufhören würdest, ständig herumzujammern, dann ginge es dir viel besser, und die Leute würden uns nicht so anstarren."

Das war nicht die Reaktion, die sie erwartet hatte. Mit einem vernichtenden Blick stapfte sie zum Parkplatz davon.

So schwierig unser erster Golfausflug auch war, wir beschlossen, es noch einmal zu probieren. Dies war ein guter Prüfstein für unsere neue Beziehung. Wenn wir miteinander spielen wollten, mussten wir lernen, miteinander auszukommen. Der zweite Versuch war ziemlich genau eine Wiederholung unseres ersten Spiels. Trotzdem versuchten wir es weiter, spielten zwei oder drei Löcher, bis einer von uns ausfallend wurde. Nach einigen Versuchen schafften wir es sogar bis zum vierten Loch, bevor der Streit begann.

Jedes Paar erlebt Höhen und Tiefen in seiner Beziehung. Bei uns war das nicht anders. Jeder hat seine Themen durchzuarbeiten. Nur bei uns war es so, dass wir alles zweimal durchmachen mussten, und das zweite Mal war viel schwieriger. Insgesamt verlief diese Zeit jedoch sehr positiv. Bei unseren Verabredungen hatten wir Zeit, miteinander über den Unfall und seine Folgen zu reden. Da wir jetzt mehr Gemeinsamkeiten hatten, konnten wir auch besser entspannen. Wir lachten mehr miteinander. Wir küssten uns häufiger. Die nach unten führende Spirale hatte sich gedreht. Es ging wieder aufwärts mit uns.

Krickitt, Mike und ich trafen uns regelmäßig, um über unsere Fortschritte zu reden. Mikes Plan schien aufzugehen. Krickitt und ich schufen uns eine gemeinsame Vergangenheit als Grundlage einer neuen Zukunft. Unsere Beziehung im Alltag verbesserte sich zusehends, obwohl es natürlich immer noch viel zu häufig zum Streit kam. Schließlich regte sich in mir die Hoffnung, dass wir das Schlimmste überwunden hatten. Wir konnten uns nun sogar vorstellen, doch zusammenzubleiben, was uns noch vor wenigen Monaten unmöglich erschienen war.

Zu Mikes Plan gehörte nicht nur, dass wir uns wieder verabredeten wie vor unserer Hochzeit. Er schlug einen zweiten Traugottesdienst vor, in dem wir unser Eheversprechen erneuerten. Meine spontane Reaktion auf die Vorstellung einer „zweiten Hochzeit" war Ablehnung. Das kam für mich nicht infrage. Mikes Vorschlag missfiel mir aus mehreren Gründen. Zum Einen waren wir bereits verheiratet. Eine Erneuerung unseres Eheversprechens könnte anderen die Botschaft übermitteln, dass unsere erste Trauung für uns seine Bedeutung verloren oder unsere Beziehung sich totgelaufen hätte. Doch ich glaubte: Nur das Eheversprechen, das wir uns in diesem Traugottesdienst gegeben hatten, hatte uns zusammengehalten. Zum Anderen sah ich es nicht ein, wegen einer rein symbolischen Geste so viel Aufwand zu betreiben. Und zum Dritten scheute ich angesichts unserer angespannten finanziellen Situation die Kosten.

Krickitt dagegen war sofort begeistert von Mikes Vorschlag. Sie erklärte Mike und mir ihren Standpunkt. „Ich habe meinen Lebensgefährten wieder kennengelernt", erklärte sie und wiederholte dabei meine Worte bei meinem Heiratsantrag in Kalifornien. Seit diesem Tag schienen eine Million Jahre vergangen zu sein! „Wir haben so viel Spaß gehabt. Wie kann ich nicht eine tiefe Liebe für jemanden empfinden, der mir so beigestanden hat, wie Kimmer mir beigestanden hat? Ich möchte mich daran erinnern, dass ich ihm meine Hand zur Ehe gereicht habe. Ich wünsche mir eine Trauung, die mir Erinnerungen schenkt. Erinnerungen, wie sie jede Ehefrau haben sollte."

Meine Ablehnung gegen den Plan bröckelte, als ich Krickitts Begeisterung erlebte. Vielleicht sollte ich nachgeben, um sie glücklich zu machen. Auch wenn mir eine solche

Zeremonie nicht so viel bedeutete wie offensichtlich ihr. Aber ich könnte einwilligen, um ihr zu zeigen, wie sehr ich sie liebte.

„Ich habe Schnappschuss-Erinnerungen an mein Leben kurz vor dem Unfall, aber keine Herzenserinnerungen", erklärte sie in dem Gespräch mit Mike. „Die wünsche ich mir, etwas, das mein Herz berührt. Ich möchte mich daran erinnern, in einem wunderschönen weißen Brautkleid von meinem Vater an meinen Bräutigam übergeben zu werden. Ich möchte wissen, wie sich das anfühlt."

Das konnte ich nachvollziehen. Wenn ich die Erinnerung an die Begegnung mit einem Star-Sportler verloren hätte, würde ich mir auch wünschen, ihn noch einmal persönlich zu treffen. Erzählungen und Fotos können nicht das Gefühl des Selbst-Erlebens vermitteln.

„Zusammen mit meinem Gedächtnis sind auch meine Gefühle für Kim verloren gegangen. Ich musste wieder neu entdecken, warum ich mich in ihn verliebt habe. Was es beim ersten Mal gewesen ist, daran kann ich mich nicht erinnern. Doch dieses Mal ist meine Liebe anders gewachsen – es war nicht diese überschwängliche romantische Liebe, sondern eher eine bewusste Entscheidung. Schließlich bin ich mit diesem Mann verheiratet. Die Gefühle kamen später, und durch Gottes Gnade habe ich gelernt, ihn wieder neu zu lieben."

Das war der Augenblick, in dem mir klar wurde, dass nicht nur *ich* an meinem Versprechen festgehalten hatte. Krickitt war es genauso gegangen. Sie fühlte sich an das Versprechen gebunden, einen Mann zu lieben und zu ehren, in guten wie in schlechten Zeiten, obwohl sie keinerlei Erinnerung an die Eheschließung mit ihm hatte!

„Ich bin für mein Leben an dich gebunden", meinte sie lächelnd. „Wir werden alles dafür tun, dass unsere Ehe gelingt. Es gibt keine andere Möglichkeit. Du hast mich während der Rehabilitation begleitet", erklärte sie weiter. „Du hast mir beigebracht, wieder zu laufen und eine Gabel zu halten. Du hast mir sogar zur Toilette geholfen. Jetzt möchte ich für dich deine Frau sein, nicht deine Tochter."

Damit war ich mehr als einverstanden.

Krickitt wollte mit unserer zweiten Hochzeit warten, bis unsere Probleme mit der Versicherung geklärt waren. Das war mir sehr recht. Denn ich wollte unseren großen Tag frei von allem Druck genießen. Nur wenige Wochen später konnten wir eine Einigung erreichen. Die Rechnungen wurden bezahlt und die Sicherungsrechte aufgehoben – ein weiterer Grund, unseren Neuanfang zu feiern.

Mir kam der Gedanke, dass zu einer neuen Hochzeit auch ein zweiter Heiratsantrag gehörte. Ich wollte Krickitt im Fitnesscenter überraschen, in dem sie arbeitete. Am Valentinstag 1996 kam ich mit einem Strauß Rosen in das Fitnesscenter, kniete vor der Frau, die ich liebte, nieder, zog ihr vor einer kleinen Zuschauermenge den Ring vom Finger und wiederholte die Worte, die ich knapp drei Jahre zuvor zu ihr gesagt hatte: „Krisxan, willst du meine Lebensgefährtin werden?"

Und wieder war Krickitt Carpenter bereit, mich zu heiraten, und ich steckte ihr den Ring wieder an. Doch ich merkte, dass sie ein wenig enttäuscht war über meinen Mangel an Kreativität. Wenn ich jetzt zurückdenke, verstehe ich das. Die Geräusche und Gerüche eines Fitnessstudios sind nicht unbedingt die passende Umgebung für einen romantischen Heiratsantrag. Obwohl der Sport ein wichtiger Bestandteil unseres Lebens war, erkannte ich, dass ich damit nicht ins Schwarze getroffen hatte.

Ursprünglich hatte ich einer zweiten Hochzeit nur Krickitt zuliebe zugestimmt. Aber nach und nach konnte auch ich mich für diese Idee begeistern. Bald freute ich mich genauso auf die Hochzeit wie sie. Allerdings sollte es keine so große Inszenierung werden wie die erste Hochzeit. Wir wünschten uns eine ruhigere und intimere Feier.

Wir fanden eine rustikale Holzkapelle in Pendaries, einem Erholungsgebiet in der kleinen Stadt Sapello, nicht weit von Las Vegas entfernt. Sie war einfach perfekt. Etwa dreißig Personen fanden darin Platz, aber da wir nur enge Freunde einladen wollten, würde der Platz ausreichen.

Als der Tag näher rückte, strahlte Krickitt große Zuversicht aus und bewahrte Haltung. Doch sie warnte uns, dass das bei der Trauung vermutlich anders sein würde. „Ich werde bestimmt heulend am Arm meines Vaters durch die Kirche schreiten", sagte sie voraus. „Und dann werden mich die Erinnerungen überfallen an das, was in den vergangenen zwei Jahren geschehen ist."

Wie immer schrieb Krickitt regelmäßig in ihr Tagebuch. Am Tag unserer zweiten Hochzeit schrieb sie: „Herr, bitte öffne mein Herz und meinen Geist, dass ich in meinem Eheversprechen die Worte sage, die vor dir richtig sind. Ich bete, dass Kim und ich eine gute Zeit miteinander verleben, dass wir unsere Gedanken teilen, miteinander lachen und füreinander da sein können. Ich bete für unsere zweiten Flitterwochen, dafür, dass alles gut läuft. Ich kann es nicht erwarten. Ich brauche deine Kraft, Herr, und deinen Geist. Bitte hilf mir und Kimmer, einander näherzukommen. Ich liebe dich."

Krickitt wählte Megan Almquist als Brautjungfer. Megan freute sich darüber, miterleben zu dürfen, wie sich Krickitt eine Erinnerung schuf, die ihr nicht mehr genommen werden konnte. Ich wählte einen anderen Trauzeugen für unseren zweiten großen Tag: Krickitts Lieblings-Physiotherapeuten Scott Madson. Er war die perfekte Wahl, weil er entscheidend zu Krickitts Genesung beigetragen und auch mir in meinen dunkelsten Tagen immer wieder Mut gemacht hatte.

Einige ganz besondere Menschen waren gekommen, um mit uns unseren Neuanfang zu feiern. Viele von ihnen hatten wir im Zusammenhang mit dem Unfall kennengelernt. Wir freuten uns, dass DJ Coombs, die Rettungssanitäterin, die trotz Platzangst Krickitts Erstversorgung übernommen hatte, als sie in ihrem Sitz angeschnallt in dem auf dem Dach liegenden Wagen hing, unserer Einladung gefolgt war. Bob Grothe, der sie im Hubschrauber auf dem Flug von Gallup nach Albuquerque betreute, als niemand mehr glaubte, dass Krickitt überleben würde, und Wayne und Kelli Marshall, das Ehepaar, das am Unfallort anhielt und für uns betete.

Am 25. Mai 1996 stand ich am Altar der kleinen Bergkapelle in Pendaries. Ich schaute die große Liebe meines Lebens zum zweiten Mal in der Gegenwart Gottes und der anwesenden Zeugen an und gab ihr voller Zuversicht, Liebe und tief empfundenem Dank, den ich nie werde beschreiben können, mein Eheversprechen.

Mit Tränen in den Augen, sodass ich Krickitt nur verschwommen erkennen konnte, sprach ich die Worte:

„Krick, ich stehe zum zweiten Mal vor dir und erneuere das Versprechen, das ich dir schon einmal gegeben habe. Ich danke Gott jeden Tag dafür, dass er uns das Leben erhalten und die Kraft und den Willen geschenkt hat, diese schwierige Zeit zu überstehen. Vor fast drei Jahren habe ich dir vor Gott ein Versprechen gegeben. Und wie damals, so verspreche ich auch jetzt, mit noch größerer Liebe und Sehnsucht:

Ich verspreche, unsere Liebe zu verteidigen und in höchsten Ehren zu halten. Ich verspreche, verständnisvoll, geduldig und zur Vergebung bereit zu sein. Ich verspreche, dir alle deine Bedürfnisse zu erfüllen. Ich verspreche, dich zu respektieren und zu ehren.

Und vor allem verspreche ich dir, ungeachtet der Widrigkeiten, die wir vielleicht erleben, dass ich mein Versprechen, dich zu beschützen, zu leiten und für dich zu sorgen, niemals brechen werde, bis der Tod uns scheidet.

Nur eines half mir, die schlimmen Ereignisse, die hinter uns liegen, zu überwinden. Das war meine Liebe zu dir, und ich danke Gott für seine Liebe und seinen Glauben an mich und meine Liebe zu dir. Ich bin sehr froh, dein Mann zu sein."

Krickitts Eheversprechen war viel kürzer, aber nicht weniger inhaltsreich:

„Kimmer, ich liebe dich. Ich schätze dich als meinen Ehemann. Danke, dass du an deinem ersten Versprechen festgehalten hast. Ich verspreche, für dich da zu sein, dich zu ermutigen und zu trösten, wenn du in Not bist. Ich bete, dass ich die Frau sein kann, die Gott dir zugedacht hat.

Ich brauche dich, Kimmer. Und ich liebe dich."

Krickitt trug dasselbe Kleid wie bei unserer ersten Hochzeit. Ich dagegen passte nicht mehr in meinen Frack. Obwohl wir vereinbart hatten, unsere Ringe zu behalten, hatte ich ihr noch einen neuen Ring gekauft und wollte ihn ihr zusammen mit dem alten an den Finger stecken.

Nachdem ich ihr beide Ringe angesteckt hatte, reichte Megan Krickitt meinen alten Ring. Als sie die Hand öffnete, sah ich, dass auch sie mir einen zweiten Ring gekauft hatte. Der neue war aus Gold, und sie hatte ein christliches Fischsymbol, das für alles stand, was Gott in unserem Leben getan hatte, eingravieren lassen. Als sie mir die beiden Ringe an den Finger steckte, schenkte Krickitt mir das strahlende Lächeln, das ich seit dem Unfall bei ihr vermisst hatte. Ich war außer mir vor Freude.

Krickitt und ich stiegen wieder in demselben Hotel auf Maui ab, in dem wir unsere ersten Flitterwochen verbracht hatten. Als wir zum Strand fuhren, entdeckten wir eine Werbetafel, auf der stand: „Jesus kommt bald." Krickitt erzählte mir, sie hätte einen Erinnerungsblitz daran, aber bis jetzt hätte sie ihn nicht in einen Kontext einordnen können.

Wir gingen zu der Stelle, die während unserer ersten Reise unser Lieblingsplatz gewesen war. „Das kommt mir so bekannt vor", sagte sie und starrte zu einer Plattform mit Tischen und Stühlen hinüber. Sie zeigte mir sogar den Tisch, an dem wir vor annähernd drei Jahren gesessen hatten. „Aber ich bin nicht mit im Bild", erklärte sie.

Wir versuchten nie wieder, Krickitts Erinnerungen anzuregen. Von diesem Augenblick an gaben wir alles an Gott ab. Unser Leben lag in seinen Händen, und er wollte, dass wir uns auf die Zukunft konzentrierten, nicht auf die Vergangenheit.

Und unsere Zukunft würde uns, wie sich herausstellte, an Orte führen und uns Gelegenheiten bieten, die wir uns nicht im Traum vorgestellt hätten. Wir traten in unzähligen TV-Shows auf, wo wir von unserem Glauben erzählen konnten, und 2012 kam unsere Geschichte ins Kino. Doch das größte Glück ist das Wunder, dass es Krickitt so gut geht und wir mit zwei Kindern gesegnet sind.

Obwohl Krickitt nie die Erinnerung an unser Kennenlernen und unsere Hochzeit (die erste) wiedererlangt hat, könnte unser Leben heute nicht besser und schöner sein. Wir haben viel durchgemacht, und es werden noch mehr Schwierigkeiten kommen. So ist das Leben. Aber wir empfinden große Dankbarkeit und Wertschätzung für das, was Gott uns geschenkt hat.

Rund neunzehn Jahre sind seit dem Unfall vergangen, aber noch immer werden wir jeden Tag daran erinnert. Im Gegensatz zu den ersten Jahren unserer Leidenszeit bringen unsere Erinnerungen nicht mehr Unsicherheit, Furcht oder Zorn mit sich, sondern vielmehr eine große Zielgerichtetheit. Gott hat uns eine unglaubliche Gelegenheit geschenkt, andere für ihn zu erreichen.

Noch immer sprechen wir mit anderen über unsere Erlebnisse, und gelegentlich bekommen wir Anrufe von Menschen, die unsere Geschichte gehört oder gelesen haben. Auch Betroffene, deren Angehörige ein traumatisches

Erlebnis haben und die unsere Unterstützung und Ermutigung brauchen, nehmen Kontakt zu uns auf. Solche Momente sind schwierig für uns, weil ich weiß, welche Schrecken sie durchleben. Doch wir können anderen, die erleben, was wir selbst einmal erlebt haben, helfen durch unser Verständnis und guten Rat. Und wir können Wiedergutmachung leisten für die Unterstützung, die wir selbst erlebt haben.

Ein guter Freund von mir, der Liedermacher Billy Simon, verfasste den Text für ein Lied mit dem Titel: „Ein Mensch, über den man schreiben möchte". Dieser Song wurde von der christlichen Gruppe 4Him eingespielt. In dem Lied spricht er davon, dass er ein Mensch sein möchte, über den etwas geschrieben und vielleicht noch viel später gelesen würde. Für mich wäre das der größte Lohn – ein Leben gelebt zu haben, das so voller Glauben war, dass Menschen dadurch inspiriert worden sind. Doch nicht die Anerkennung ist der Lohn; unser Lohn ist das, was wir an andere weitergeben und mit dem wir ihnen Mut machen können, ihr Leben voll auszuschöpfen.

Ein Publizist sagte mir einmal, dass ungefähr sechshundert Millionen Menschen auf der ganzen Welt von unserer Geschichte erfahren hätten. Das sind doppelt so viele wie die Einwohnerzahl der Vereinigten Staaten. Was für eine Gelegenheit!

Doch die beiden Menschen, denen ich gern etwas für ihr Leben mitgeben möchte, sind meine Kinder. Ich kann den Tag kaum erwarten, an dem sie dieses Buch lesen und begreifen, was ihre Mutter und ich durchgemacht haben.

Ich bin fest davon überzeugt, dass solche Lebenserfahrungen und die Lehren, die wir daraus ziehen, ein starkes Fundament für die Familie schaffen. Verstärkt wird es zusätzlich dadurch, dass Gott im Mittelpunkt unseres Lebens steht.

Mein Vater sagte einmal zu mir: „Gib zurück, was dir geschenkt wurde." Das ist mein Ziel. Meine Freude könnte nicht größer sein, wenn ich beobachte, wie meine Kinder anderen zu Hilfe eilen, ohne sich um ihre eigenen Bedürfnisse und Wünsche zu kümmern. Meine kleine Tochter hat alle ihre Ersparnisse an einen christlichen Radiosender gespendet, der Gottes Wort verbreitet. Mein Sohn steht für den Schwachen ein und nimmt dafür Schläge von einem Raufbold in Kauf. Ich habe beobachtet, wie die Beiden einem kleinen Kind, das nichts besaß, eines ihrer Lieblingsspielzeuge geschenkt haben. Die Beiden bringen mich immer wieder zum Staunen, wenn sie die Bedürfnisse anderer über ihre eigenen stellen und sich um die kümmern, die keine Freunde haben.

Ich bete, dass Krickitt und ich unsere Kinder nach Gottes Willen erziehen. Etwas Besseres, als ihnen ein gutes Vorbild zu sein, können wir ihnen nicht mitgeben. Das ist uns bewusst. Gelingt uns das immer? Nein. Ich weiß, dass ich vieles ändern muss. Ja, ich habe mein Versprechen, Krickitt immer zu respektieren, nicht immer halten können. Nach wie vor streiten wir miteinander, und ich schreie sie gelegentlich an. Das tut mir sehr leid. Aber mein Glaube wird mich auch weiterhin immer wieder auf das hinweisen, woran ich arbeiten muss, und mit Gottes Hilfe geben wir unser Bestes und freuen uns, wenn unsere Kinder Danny und LeeAnn gute Entscheidungen treffen.

Drei Leitsprüche bestimmen unser Leben in der Familie. Der erste ist, dass wir „das Richtige tun". Wenn man eines meiner Kinder auf der Straße anspricht und sagt: „Und denk daran ...", dann werden sie den Satz vervollständigen: „Tu das Richtige." Unser zweites Motto lautet: „Gib alles, was du besitzt." Wir haben erlebt, dass das Leben sehr kostbar ist. Darum wollen wir alles geben, was wir besitzen, solange wir hier auf der Erde leben.

Und unser drittes Motto heißt: „Ich habe Lücken; gemeinsam werden wir sie füllen." Denken Sie einen Augenblick darüber nach. Jeder von uns kann manche Dinge besonders gut und andere nicht so gut. Aber gemeinsam können wir die Lücken des anderen ausgleichen. Wenn wir zusammenarbeiten und uns gegenseitig ergänzen, können wir unsere Träume Hand in Hand verwirklichen. Ich glaube, dass wir als Familie, die diese drei Leitsprüche beherzigt, anderen zurückgeben können, was uns selbst geschenkt wurde.

Jesus hat gesagt: „Geben ist seliger als nehmen" (Apostelgeschichte 20,35). Das glaube ich von ganzem Herzen. Aber ich glaube auch, dass man wissen muss, was Nehmen ist, wenn man aufrichtig geben will. Wenn Sie wie wir eine Tragödie erleben, kapseln Sie sich nicht von der Welt ab, sondern wenden Sie sich an Ihre Freunde und Ihre Familie und an Gott. Dann werden Sie erfahren, wie es ist zu nehmen, und als Folge davon werden Sie auch anderen geben können.

* * *

Ich hätte es nie für möglich gehalten, aber ich liebe Krickitt heute mehr als an dem Tag unserer ersten Hochzeit. Sie ist eine wunderbare Frau. Wie viel Glaube war nötig, schließlich zu glauben, dass sie mit mir verheiratet war, was ihr alle versicherten!

„Gott wollte, dass ich mit diesem Mann verheiratet bin", sagte sie. „Alle beteuerten mir, dass das so sei, und als ich eines Tages in den Spiegel schaute, hatte Gott mich davon überzeugt, dass es stimmte. Ich vertraute Gott, als ich Kim heiratete, und darum wusste ich, dass ich diesen Mann, den ich geheiratet hatte, kennenlernen würde. Ich sehe nicht zurück auf das, was verloren gegangen ist. Die Medien tun dies, aber so lebe ich nicht. Ich richte meinen Blick nach oben."

Krickitt und ich bekamen eine zweite Chance für ein Zusammenleben, und keiner von uns wird unsere Ehe jemals als selbstverständlich hinnehmen. Wir haben zwei Hochzeiten erlebt und tragen die passenden Ringe dazu, und jedes Jahr feiern wir zwei Hochzeitstage. Beide Tage sind für uns ein Zeichen für einen Neuanfang.

Wir blicken nicht zurück auf die schlechten Zeiten, sondern richten uns aus auf die wunderbaren Dinge, die Gott ganz sicher noch für uns bereithält. Krickitt wird sich nie daran erinnern, sich in mich verliebt zu haben, an die Zeit unserer Freundschaft und unsere erste Hochzeit. Aber sie sagt, das, was sie beim zweiten Mal als Braut gefühlt habe, sei eine tiefere Liebe, als die meisten Ehefrauen in ihrem

Leben erleben. Unsere einzigartigen Erfahrungen, so schrecklich sie damals auch waren, haben ein starkes Band zwischen uns geschaffen.

Ich denke, unsere Geschichte ist deshalb diese ganze Zeit lebendig geblieben, weil sie eine Geschichte der Hoffnung ist, die immer hohe Ansprüche stellt und wenig zu geben hat. In den langen und manchmal dunklen Jahren nach dem Unfall waren wir oft versucht aufzugeben. Doch mit Gottes Hilfe haben wir durchgehalten.

Ich denke häufig an die Geschichte von Hiob, die Krickitt und ich an unserem ersten gemeinsamen Wochenende gelesen hatten. An manchen Tagen identifizierte ich mich mit diesem armen Mann, der aus einem Leben der Fülle und des Glückes in die Grube der Verzweiflung gestoßen wurde. Doch Gott hat ihm hindurchgeholfen und ihn schließlich mit Reichtümern überhäuft, die viel größer waren als das, was er verloren hatte.

Ich glaube, dass ich unter den Prüfungen, die Hiob auferlegt wurden, zusammengebrochen wäre. Aber ich denke, ich habe eine Ahnung von dem, was er durchgemacht hat, und mein Leben ist jetzt genauso ein Wunder, wie seines damals war.

8
EIN NEUES LEBEN:
WIE ES WEITERGING ...

Im Sommer 1998 zogen Krickitt und ich in meine Heimatstadt Farmington, New Mexico, in der Nähe von Four Corners. Noch bevor wir unsere Umzugskartons ausgepackt hatten, drängten sich die Fernsehreporter vor unserem Haus. Am Ende der Woche erschien ein Foto von uns im Lokalteil der *Farmington Daily Times*. Die Schlagzeile lautete: „Carpenters halten ‚Das Versprechen': Bekanntes Ehepaar zieht in die Stadt", und in einem Nebenkästchen stand zu lesen: „Ehepaar am Montag in *Dateline* zu sehen."

In Farmington wurde ich Leiter des Partnerschaftprogramms zwischen der New Mexico Highlands Universität und des städtischen Colleges, einer Initiative, die es den Einwohnern ermöglichte, Aufbaukurse der Highlands Universität zu besuchen. Obwohl das natürlich eine ganz andere Arbeit war als meine vorherige als Baseball-Trainer, freute ich mich, weiterhin für die Highlands Universität tätig zu sein.

Krickitt bekam einen Teilzeitjob im Fitnesscenter des San Juan College, das auch den Bewohnern der Stadt offen stand. Nach einigen Monaten entschied sie sich, sich einer größeren Herausforderung zu stellen. Sie begann an der Kirtland Central Schule zu unterrichten, und im Laufe der Zeit wurde es beinahe ein Vollzeitjob für sie.

Zu Beginn der Sommerferien erklärte sich Krickitt bereit zu einer ehrenamtlichen Mitarbeit in der Herz-Lungen-Rehabilitationsabteilung des Medizinischen Zentrums in San Juan. Die Arbeit mit den Patienten dort machte ihr sehr viel Freude. Nach etwa einem Monat der ehrenamtlichen Mitarbeit bot ihr das Krankenhaus eine Stelle im Rehabilitationsprogramm an.

1999 waren wir erneut in einer TV-Show eingeladen. Dort machten wir eine große Ankündigung: Wir erwarteten ein Baby! Die Moderatorin, Leeza, freute sich sehr für uns, und die Medienmaschinerie lief erneut auf Hochtouren. Wann immer es uns unsere Zeit erlaubte, gaben wir Interviews und kamen den Einladungen zu Vorträgen nach. Das war eine ziemlich hektische Zeit für uns, besonders für Krickitt in ihrer Schwangerschaft. Dazu kam noch, dass die Medien der Geburt unseres Babys ganz besondere Beachtung schenkten. So waren wir beide sehr erschöpft, als der Geburtstermin endlich da war.

Am 3. Mai 2000 kam Danny James Carpenter im Krankenhaus San Juan zur Welt. Er wurde von Familienangehörigen, Freunden und einer Schar von Medienvertretern willkommen geheißen. Vor Dannys Geburt hatte ich ein Gespräch mit dem Verwaltungsleiter der Klinik. Mir ging es darum, unsere Privatsphäre während Krickitts Aufenthalt in der Klinik zu gewährleisten. Die Mitarbeiter im

Krankenhaus waren während und nach der Geburt sehr entgegenkommend. Unsere Zusammenarbeit war sehr gut, und ich war beeindruckt von ihrer Sorge um unser Wohlergehen.

In den ersten fünf Wochen seines Lebens hatte Danny Auftritte in der *Today Show*, in *Dateline NBC*, *FOX News*, *MSNBC* und anderen Sendungen. Über seine Geburt wurde auch in der Zeitschrift *People* berichtet. Krickitt und ich hatten erst Vorbehalte hinsichtlich der Interviews und Auftritte in den Fernsehsendungen so kurz nach der Geburt unseres Sohnes. Wir sorgten uns um sein Wohlergehen. Andererseits hatten wir auch das Gefühl, dass Gott uns eine weitere Gelegenheit geschenkt hatte, nicht nur von unseren Erlebnissen zu erzählen, sondern Menschen, die selbst eine persönliche Krise durchlebten, Inspiration und Hoffnung zu vermitteln.

Im Juni 2003 hieß Danny seine kleine Schwester LeeAnn Marie auf der Welt willkommen. Danny und LeeAnn erinnern uns täglich daran, dass wir nach unserer Tragödie die richtige Entscheidung getroffen haben, als wir zusammenblieben. Wenn wir das nicht getan hätten, wären unsere Kinder nie geboren worden.

***

Fast zwei Monate nach LeeAnns Geburt brachte wieder eine Kopfverletzung neuen Aufruhr in unser Leben. Eine Sekunde Unaufmerksamkeit kann schlimme Folgen haben, das ist allgemein bekannt. Diese leidvolle Erfahrung mussten auch wir machen. Wir hatten nur ganz kurz nicht aufgepasst, und schon war es geschehen. Unsere kleine Tochter stürzte und fiel auf den Kopf.

Ich konnte es nicht fassen, dass zum zweiten Mal ein Mädchen, das ich mehr liebte als mein Leben, eine schwere Kopfverletzung und Gehirnblutung erlitten hatte und mit einem Rettungshubschrauber in die Klinik nach Albuquerque geflogen werden musste. Doch anders als damals bei Krickitt durfte ich im Hubschrauber mitfliegen. Nachdem ich mich von Krickitt verabschiedet und den Hubschrauber bestiegen hatte, begann der albtraumhafte Flug. Ich starrte die ganze Zeit auf meine schwer verletzte kleine Tochter, und mich quälte der Gedanke, dass dieser Unfall nicht durch eine andere Person herbeigeführt worden war. Wir hatten einen kleinen Augenblick nicht aufgepasst, und jetzt bestand die Gefahr, dass LeeAnn eine irreversible Schädigung des Gehirns behielt oder sogar starb. Furcht, Schuldgefühle und Sorge quälten mich auf diesem Flug nach Albuquerque.

Eine halbe Stunde später landeten wir, und LeeAnn wurde in aller Eile auf die Kinder-Intensivstation des Presbyterian Hospital gebracht. Es war ein schreckliches Gefühl des Déjà-vu, als ich miterlebte, wie bei ihr dieselben Tests und Untersuchungen durchgeführt wurden wie fast zehn Jahre zuvor bei ihrer Mutter. Wenigstens hatte ich dieses Mal eine bessere Vorstellung davon, was vorging und wozu die Monitore und Tests dienten.

Die ersten fünf Stunden nach LeeAnns Unfall verbrachte ich allein unter Fremden. So wie ich damals zurückbleiben musste, als Krickitt nach Albuquerque geflogen wurde, so musste nun Krickitt die nächtliche Fahrt nach Albuquerque auf sich nehmen. Sie war nicht verletzt wie ich damals, aber ich weiß, dass sie dieselbe Furcht empfand wie ich in jener Nacht vor vielen Jahren. Als Krickitt um drei Uhr morgens nach einer dreistündigen Fahrt im Krankenhaus eintraf, entschuldigte ich mich sofort bei ihr.

Später am Morgen wurde uns schließlich mitgeteilt, dass LeeAnns Gehirnblutung zum Stillstand gekommen sei und dass ihre Überlebenschancen recht gut wären. Sie schlief viel, wie Krickitt damals auch, aber sie lag zu keinem Zeitpunkt im Koma. Als sie das erste Mal die Augen öffnete, war ich überglücklich, dass ich Leben darin entdeckte und nicht diese Leere und Empfindungslosigkeit wie damals bei Krickitt.

Kurz danach konnten wir unser kleines Mädchen wieder mit nach Hause nehmen, und schon bald hatte sie in ihren üblichen Rhythmus zurückgefunden. Ich brauchte sehr viel länger, um mich von dem Schock, den Schuldgefühlen und dem Albtraum zu erholen, den ich während jener ersten Stunden durchlebte. Glücklicherweise hat LeeAnn keinerlei dauerhafte Schädigung durch den Unfall davongetragen.

Es mag nicht überraschen, dass unser Sohn Danny bereits mit elf Jahren sehr gut Baseball spielte. Im Alter von drei Jahren fing er damit an. Natürlich konnte ich mich nicht zurückhalten und trainierte ihn, wenn auch auf einer ganz anderen Ebene als zuvor. Dannys Mannschaft, die „Farmington Fuel", hat vier Mal hintereinander die *American Amateur Baseball Congress World Series* gewonnen. Ich bin sehr stolz auf meinen Sohn und seine Mannschaft, weil sie es allein durch ihre Leistung so weit gebracht hat, ohne finanzielle Unterstützung, wie in vielen Baseball Organisationen üblich.

LeeAnn kommt ganz nach ihrer Mutter. Sie kann einen in ein Gespräch verwickeln, das kein Ende zu finden scheint. Sie ist sehr lebhaft und mitfühlend und liebt einfach jeden. Es ist sehr berührend zu beobachten, wie sich unser kleines Mädchen um seine Klassenkameradinnen und Klassenkameraden sorgt und für sie betet, wenn sie krank sind. Sie ist gern handwerklich tätig und schreibt und liest gern. Schon in ihrem ersten Schuljahr las sie jede Menge Bücher!

Obwohl seit unserem Unfall viele Jahre vergangen sind, macht Krickitt auch weiterhin gute Fortschritte. Es ist schön zu erleben, wie sie neue Dinge entdeckt oder sich Dinge bewusst wird, die vorher nicht da waren. Doch niemand, der sie heute kennenlernt, könnte vermuten, dass sie je eine schwere Kopfverletzung hatte.

Nach Dannys Geburt gab Krickitt ihren Job in der Schule auf und blieb zu Hause, um unsere kleine Familie zu versorgen. Nachdem beide Kinder eingeschult waren, nahm sie ihren Job in der Farmington High School wieder auf und unterrichtet dort bis heute.

Was mich betrifft, nach achtzehn Jahren im Hochschulbereich wechselte ich in den öffentlichen Sektor. Seit 2005 arbeite ich für das San Juan County, und im August 2011 wurde ich zum Leiter der Bezirksbehörde ernannt. Ich arbeite mit vielen herausragenden christlichen Leitern zusammen und freue mich über die Zusammenarbeit mit anderen und die Verantwortung, die meine Arbeit mit sich bringt. Außerdem wurde ich gerade zum Präsidenten der *Connie Mack World Series* ernannt – ein Baseballturnier für Amateure.

Schon vor langer Zeit traf ich die Entscheidung, mein Leben voll auszuschöpfen. Ich wollte alles wenigstens einmal versuchen und die Dinge, die ich besonders mochte, tun. Nach vielen aufregenden Tätigkeiten – unter anderem habe ich den Tauchschein und den Pilotenschein gemacht – habe ich nun das Gefühl, wirklich gelebt zu haben.

Wir als Familie lieben gemeinsame Aktivitäten. Wir treiben nicht nur Sport zusammen, besonders gern lassen wir unser funkgesteuertes Flugzeug fliegen und spielen mit unseren Haustieren – vier Hunden, einer Katze, einem Hamster, einem wilden Streifenhörnchen, das sich in unserem Garten ein Zuhause geschaffen hat, und einem einäugigen Wasserfrosch.

Wir leben nach wie vor in Farmington, wo jetzt auch unsere beiden Eltern wohnen. Mein Zwillingsbruder ist ebenfalls mit seiner Familie hier zu Hause. Es ist schön, dass unsere Kinder im Kreis ihrer Familie aufwachsen. Mein einziger Wunsch ist, dass auch mein ältester Bruder herzieht, damit die Carpenters wieder vereint sind. In der Zeit von Krickitts Krankheit haben wir gelernt, wie wichtig die Familie ist, und wir sind froh, dass unsere Kinder ihre erweiterte Familie kennen und lieben.

NACHWORT

MEDIENRUMMEL: UNSERE GESCHICHTE GEHT UM DIE WELT

Bei unseren beiden Hochzeiten gab es viele Gemeinsamkeiten: das Kleid, die Ringe, die Brautjungfern, die Flitterwochen. Aber nur bei unserer zweiten Hochzeit waren die Medien dabei. Vertreter von *CBS Television*, *People Magazine*, der *London Times*, *ABC News* und *Inside Edition* waren da, um über unseren großen Tag zu berichten.

Nach meinem zweiten Heiratsantrag hatten wir erfahren, dass unsere Liebesgeschichte anderen Menschen Mut machte. Krickitt begann zu beten. Sie bat Gott, unsere Erlebnisse zu gebrauchen, um anderen seine unbegreifliche Liebe und Macht deutlich zu machen. Denn er hatte uns geholfen, unser Eheversprechen zu halten. Es war nicht unser Verdienst, dass wir nun zum zweiten Mal Hochzeit feierten. Gott hatte es gewirkt. Ohne unseren Glauben an ihn wären wir gescheitert.

Nur wenige Tage nach Krickitts Gebet kam wie aus heiterem Himmel heraus ein Anruf von Van Tate, dem

Moderator der Fernsehshow *On the Road*, eine Sendung einer Tochtergesellschaft von CBS in Albuquerque. Van recherchierte zu einer Story mit dem Titel: „Was ist aus Coach Carpenter geworden?" Ich war damals der jüngste Cheftrainer in der NCAA, und viele Menschen interessierten sich für meinen Werdegang. Bei dem Telefonat erinnerte sich Van an den Unfall, und unsere Pläne, zum zweiten Mal zu heiraten, begeisterten ihn. Er wollte in seiner Sendung über uns berichten.

Einige Tage nach Vans Sendung meldete sich ein Reporter des *Albuquerque Journal* und wollte ebenfalls einen Artikel schreiben. Am Sonntag, dem 17. März 1996, erschien ein Leitartikel über uns unter der Überschrift: „Liebe verloren und wiedergefunden". Der Artikel berichtete ausführlich über den Unfall und Krickitts langen und mühsamen Weg ins Leben zurück, aber im Mittelpunkt des Berichts stand, dass wir nach allem, was geschehen war, nicht nur immer noch verheiratet waren, sondern unser Eheversprechen erneuern wollten.

Krickitt und ich waren begeistert darüber, dass der Verfasser des Artikels auch auf unseren Glauben einging und ihn nicht einfach unter den Tisch fallen ließ. Auf der zweiten Seite des Artikels prangte ein großes Foto von uns, auf dem wir vor einer aufgeschlagenen Bibel saßen und beteten.

Ein Zitat aus dem Artikel: „Ich heirate nicht dieselbe Person, die ich vor drei Jahren geheiratet habe, und ich selbst bin auch nicht mehr dieselbe Person. Baseball hat in meinem Leben nicht mehr denselben Stellenwert wie früher. Das gehörte zu unserem alten Leben. Wir sind uns jetzt näher; ein anderes Band hält uns zusammen; es ist eine viel bedeutungsvollere Beziehung als früher. Meine Freunde sagen, ich hätte mich zu einem religiösen Eiferer entwickelt. Nein, sage ich ihnen, ich habe nur die Wunder erlebt, die Gott tun kann."

Wir freuten uns darüber, dass Menschen von unseren Erlebnissen erfuhren und begriffen, welche Rolle Gott darin spielte, aber wir hielten unsere Geschichte nicht für so besonders oder bewegend, dass sich Menschen außerhalb unseres kleinen Staates New Mexico dafür interessierten.

Da irrten wir uns gewaltig. Bald rief uns Tom Colbert an, der Vorstandsvorsitzende von *Industry Research and Development*. Diese Medienagentur sucht nach Veröffentlichungen, in denen der menschliche Aspekt im Vordergrund steht, und bringt Lokalreporter mit nationalen Medien in Kontakt. Er hatte den Artikel im *Albuquerque Journal* gelesen und uns gefragt, ob wir unsere Geschichte über Associated Press verbreiten wollten. Doch wir müssten uns darüber im Klaren sein, dass sie, sobald sie im AP Network auftauche, allen Zeitungen und anderen Medien im Land zugänglich sei.

„Sie sollten sehr genau darüber nachdenken", riet er uns. „Denn wenn Sie sich dafür entscheiden, wird das gravierenden Einfluss auf Ihr Leben haben."

Seine Worte klangen beinahe wie eine Warnung. Aber hatten wir nicht erst eine Woche zuvor gesagt: „Herr, wir haben Unglaubliches erlebt. Wie können wir anderen dadurch zeigen, wie wunderbar du bist?" Und so diskutierten wir, wägten unsere Möglichkeiten ab und beteten darüber, und schließlich hatten wir beide das Gefühl, dass wir es tun sollten, dass Gott es so wollte. Und so gaben wir unsere Einwilligung für die Veröffentlichung. Wir rechneten nicht damit, dass viel daraus entstehen würde, denn damals waren seit dem Unfall fast anderthalb Jahre vergangen. Wir konnten uns nicht vorstellen, dass unsere Erlebnisse für die nationale Berichterstattung von Interesse wären. Aber Tom wusste schon, wovon er sprach. Nachdem landesweit über uns berichtet wurde, veränderte sich unser Leben tatsächlich. Aber: Wenn jemand darauf vorbereitet war, mit Veränderung umzugehen, dann wir!

Von Tag zu Tag kamen mehr Anfragen, und schließlich war es so, dass das Telefon nicht mehr still stand. Sobald wir aufgelegt hatten, läutete es erneut. Am Tag vor unserer Hochzeit erschien ein Leitartikel über uns in der *Los Angeles Times*. Und an diesem Abend erwähnte Jay Leno uns sogar zu Beginn seiner *The Tonight Show*.

Während unserer zweiten „Verlobungszeit" sprachen wir mit vielen Medienvertretern. Das Interesse war einfach überwältigend. Wir mussten einige Entscheidungen treffen und überlegen, wie wir auf die verschiedenen Anfragen in Bezug auf eine Berichterstattung über unsere Hochzeit reagieren sollten. Außerdem mussten wir die Hochzeit ja auch noch *vorbereiten*. Eine Hochzeit bedarf einer guten Planung, doch die Gespräche mit den Medien raubten uns einen großen Teil unserer Zeit.

Schließlich beschlossen wir, die Exklusivrechte für die Berichterstattung über unsere Hochzeit an *Inside Edition* abzugeben. Ihr Angebot, im Austausch für diese Rechte unsere Hochzeit und die Hochzeitsreise zu bezahlen, konnten wir einfach nicht ablehnen. Obwohl wir nun endlich eine Einigung mit unserer Versicherungsgesellschaft erzielt hatten, war unsere finanzielle Situation immer noch recht angespannt. Darum kam uns das Angebot von *Inside Edition* sehr gelegen.

Nachdem sich *Inside Edition* die Exklusivrechte gesichert hatte, wollten sie uns schon mehrere Wochen vor der Hochzeit begleiten, um den Appetit ihrer Zuschauer anzuregen. Ein Reporter und ein Fernsehteam kamen in unser Haus in Las Vegas und bauten ihre Ausrüstung in unserem Wohnzimmer auf. Wir wurden beim Anschauen des Videos von unserer ersten Hochzeit und der Fotos und anderen Erinnerungsstücke aus einer Zeit, an die sich Krickitt nicht mehr erinnerte, gefilmt.

In der kleinen Holzkapelle in Pendaries gab es keinen separaten Raum, sodass Krickitt gezwungen war, sich in dem Wohnmobil ihrer Eltern umzuziehen. Der Reporter von *Inside Edition* war auch dabei. Er drängte sich mit den Brautjungfern und den anderen in dem beengten Raum und plauderte mit ihr über das Kleid, ihre Gefühle, die Hochzeit und ihren großen Tag als Braut.

Auch wenn allein *Inside Edition* unsere Hochzeitsfeierlichkeiten im Film festhalten durfte, so drängten sich draußen doch viele andere Medienvertreter. Sogar ein Fotograf der *London Times* und ein Reporter der Zeitschrift *People* warteten vor der Kirche, um einen Blick auf uns zu erhaschen.

Wir hatten uns bemüht, das Reiseziel unserer Flitterwochen geheim zu halten, aber uns kam ein Gerücht zu Ohren, *Hard Copy* hätte erfahren, dass wir nach Hawaii fliegen wollten, und ein Fernsehteam würde uns am Flughafen von Honolulu erwarten. Zwar hatten wir nichts dagegen, unsere Geschichte anderen mitzuteilen, aber dieses Interesse war uns nun nicht so ganz recht. Unsere Flitterwochen wollten wir allein verbringen und in der Zeit nicht von Reportern verfolgt werden. Ich rief also am Flughafen von Honolulu an und erklärte die Situation. Bei unserer Ankunft war keine Spur von dem Fernsehteam zu sehen.

Die Angestellten des Hotels, in dem wir auf Maui abgestiegen waren, hatten strikte Anweisungen, unsere Anwesenheit geheim zu halten. Wir meldeten uns unter einem falschen Namen an, und so konnten sie auf Anfragen guten Gewissens antworten, im Hotel sei kein Ehepaar Carpenter gemeldet. Doch ein Radiosender aus Kalifornien hatte vermutet, dass wir unsere zweiten Flitterwochen auf derselben Insel verbringen würden wie die ersten. Ihre Mitarbeiter telefonierten mit jedem Hotel auf Maui, um uns ausfindig zu machen. Zwei standen noch auf ihrer Liste, als sie fündig wurden ... um vier Uhr morgens hawaiianischer Zeit erreichte uns ihr Anruf. Das war ganz offensichtlich kein idealer Zeitpunkt, aber wir waren trotzdem zu einem Gespräch bereit. Dieses Interview habe ich nie gehört, aber es war garantiert keines unserer besten.

Die zweite Sendung von *Inside Edition* über uns wurde während unserer Flitterwochen auf Hawaii im Fernsehen ausgestrahlt. Danach wurden wir von den Leuten in den Straßen von Maui erkannt. „Hey, habe ich euch nicht gestern im Fernsehen gesehen?" So viel zur Anonymität. Wir waren Tausende Meilen von zu Hause entfernt, und die Menschen wussten, wer wir waren. Das war ein wenig surreal.

Als wir auf unserem Rückflug von Hawaii auf dem *Los Angeles International Airport* zwischenlandeten, waren wir schockiert, als uns unsere Gesichter auf dem *Star* Magazin entgegenprangten. Wir hatten gar nicht mitbekommen, dass ein Reporter dieser Zeitschrift bei unserer Hochzeit anwesend gewesen war, doch bald konnten wir den Verfasser dieses Artikels identifizieren. Ein besonders hartnäckiger Fremder hatte sich während der Trauung vor der Kirche herumgetrieben und war immer wieder ins Bild unserer Videokameras und der Filmaufnahmen von *Inside Edition* geraten. Wir hatten versucht, ihn im Auge zu behalten, und einen der Türsteher gebeten aufzupassen, dass er sich nicht in die Kirche schmuggele. Aber am Ende gab es anderes zu tun, als ihn im Auge zu behalten. Wegen unserer Unaufmerksamkeit waren wir nun Stars der Regenbogenpresse.

Kaum waren wir wieder in Las Vegas angekommen, wurden wir mit Interview-Anfragen und Einladungen zu Fernsehsendungen überflutet. Natürlich wollten wir möglichst viele Anfragen annehmen. Doch das hatte zur Folge, dass sich unser Leben noch hektischer gestaltete als je zuvor. Zuerst kamen Fernsehteams für die Interviews zu uns nach

New Mexico. Doch schon bald bekamen wir auch Einladungen nach New York und L.A. zu Live-Auftritten in den Shows. Abgesehen von Krickitts Missionseinsatz in Ungarn waren wir beide noch nicht viel in der Welt herumgekommen. Das war eine ganz neue Erfahrung für uns. Manchmal reisten wir in einer Woche zu zwei oder drei verschiedenen Orten.

In Seattle kamen vor dem Studio ein paar japanische Touristen auf uns zu. Unsere Geschichte war anscheinend durch die ganze Welt gegangen; die Japaner hatten in ihrer Heimat eine Sendung über uns im Fernsehen gesehen. Auch in Deutschland war über uns berichtet worden.

Wir hatten das Glück, von einigen bekannten Persönlichkeiten, die wir aus dem Fernsehen kannten, zum Interview eingeladen zu werden. Für uns war es ein besonderes Erlebnis, sie persönlich kennenzulernen und zu erleben, wie sie sich verhielten, wenn sie nicht auf Sendung waren.

Das Interview mit Sally Jesse Raphael war eines unserer denkwürdigsten. Die Produzenten ihrer Show fragten an, ob wir in ihre Sendung kommen würden. Sallys Sohn hatte bei einem Motorradunfall eine schwere Kopfverletzung davongetragen. Sally erfuhr von unseren Erlebnissen und hatte die Idee, die Öffentlichkeit über die gravierenden Folgen solcher Verletzungen aufzuklären. Aus eigener Erfahrung konnte sie nachvollziehen, welcher Einschnitt eine solche Kopfverletzung im Leben eines Menschen sein konnte. Sie war in der Lage, auf einer viel tieferen Ebene mit uns zu reden als andere, weil sie aus eigenem Erleben wusste, was wir durchgemacht hatten, und umgekehrt. Darum blieb uns das Interview mit ihr ganz besonders eindrücklich in Erinnerung.

Wir bekamen auch eine Anfrage für *Oprah*. In ihrer Sendung konnten wir über unseren Glauben sprechen, und auf diese Weise erreichten wir mehr Menschen als durch jede andere Sendung, in der wir aufgetreten waren.

Neben den Auftritten in Talkshows gaben wir auch viele Interviews für Zeitungen und Zeitschriften. Größere Artikel über uns wurden unter anderen in *McCall's* („Die Frau, die vergaß, dass sie verheiratet war") und *Reader's Digest* („In guten wie in schlechten Zeiten") veröffentlicht.

Während unserer Reisen wurden wir in die besten Restaurants der jeweiligen Städte eingeladen, in einer Limousine durch die Stadt chauffiert und für ein paar Tage wie berühmte Persönlichkeiten behandelt. Gut an dieser Erfahrung war, dass wir uns, nachdem wir einen Einblick gewonnen hatten ins Showbusiness, darüber klar wurden, was uns im Leben wirklich wichtig war. Trotz der Aufmerksamkeit, die wir im Fernsehen bekamen, waren wir doch dieselben geblieben. Wir waren zwei Menschen, die versuchten, ihr Leben wieder zusammenzusetzen. Wir wollten das Versprechen, das wir uns vor dem Traualtar gegeben hatten, halten und Gott in den Mittelpunkt unseres Lebens stellen.

* * *

Auch die christlichen Medien schenkten uns Beachtung. James Dobson von *Focus on the Family* schrieb in seinen

„Family News" im Juni 1997 einen Artikel über uns. Darin heißt es:

„In dieser Zeit, wo die Kultur uns lehrt, beim ersten Anzeichen von Frustration oder Schmerz auszusteigen, tut es gut zu erleben, wie dieses junge Ehepaar sich zurückzuerobern versucht, was es verloren hat, und trotz der Tragödie aneinander festhält. Ihr Beispiel wird, so hoffe ich, vielen meiner Leser, denen aus Gründen, die nur sie selbst kennen, die Leidenschaft in ihrer Ehe verloren gegangen ist – nicht als Folge einer Gehirnverletzung, sondern weil sie sich voneinander entfernt haben –, einiges zu sagen haben. Vielleicht wird Kims Entschluss, Krickitts Zuneigung zurückzugewinnen, denen eine Hilfe sein, die ihre „Erinnerung" an die Liebe verloren haben. Wenn Sie eine Scheidung in Erwägung ziehen, sollten Sie sich fragen, ob es nicht vielleicht besser wäre, Ihren Partner, Ihre Partnerin neu zu umwerben und sich zu bemühen, Ihre Ehe auf ein neues Fundament zu stellen. Das ist nicht leicht, und ich bin sicher, dass auch Kim und Krickitt immer wieder neue Herausforderungen erleben. Aber es ist das Richtige und schlussendlich ein lohnender Versuch für die Ehepartner, die sich auseinandergelebt haben. Und es liegt definitiv im Interesse der Kinder.

Ich möchte schließen mit einem guten Rat für junge Männer und Frauen, die in diesem Sommer den Bund der Ehe schließen wollen … ich fordere euch auf, diese Ehe mit dem unerschütterlichen Entschluss einzugehen, dass sie für das ganze Leben ist. Nur der Tod möge euch voneinander scheiden. Wenn Schwierigkeiten auftauchen (und sie *werden* kommen), hoffe ich, dass ihr euch an die Geschichte von Kim und Krickitt erinnert, die gemeinsam dem Sturm getrotzt haben – Hand in Hand. Das ist Gottes Plan für die Familie – auch für eure Familie."

* * *

Eineinhalb Jahre nach unserer zweiten Hochzeit begannen wir mit der Arbeit an unserem ersten Buch *The Vow: The Kim and Krickitt Carpenter Story*, das im Jahr 2000 von *Broadman & Holman Publishers* veröffentlicht wurde.

* * *

Inmitten des Medienrummels um unsere zweite Hochzeit rief Hollywood an. Tom Colbert, der uns von Anfang an bei unserem Umgang mit den Medien beraten hatte, führte uns durch den Dschungel der Filmindustrie. Mehrere Studios wollten die Rechte an unserer Geschichte kaufen.

Nach viel Gebet entschieden wir uns für Paul Taublieb und seine LXD Productions, weil Paul von allen, mit denen wir verhandelt hatten, das beste Verständnis zeigte für das, was wir durchgemacht hatten, und was ein Film über uns den Zuschauern vermitteln sollte. Schließlich stellte er den Kontakt zu Roger Birnbaum und *Caravan Pictures* her, jetzt *Spyglass Entertainment.*

Nachdem wir 1996 den Vertrag unterzeichnet hatten, beteten wir viele Jahre darum, wann und ob überhaupt ein

Film über uns gedreht werden sollte. Vierzehn Jahre später erfuhren wir, dass dieser Film jetzt tatsächlich produziert werden sollte. *The Vow* mit Rachel McAdams und Channing Tatum kam im Februar 2012 in die Kinos. *Sony Screen Gems* hat das Marketing für den Film und den Filmverleih übernommen.

Wir wurden während der Dreharbeiten zum Set eingeladen und konnten Rachel und Channing kennenlernen. Das war ein wundervolles Erlebnis. Vier Monate nach Abschluss der Dreharbeiten reisten wir nach Kalifornien, um uns den Film über unsere Erlebnisse anzusehen. Obwohl natürlich viele Änderungen vorgenommen worden waren, wie oft bei Filmen, die auf wahren Begebenheiten beruhen, stimmt die Rahmenhandlung, und Krickitt und ich empfanden den Film als ein hervorragendes Porträt, in dem die Botschaft, die unserer Geschichte zu Grunde liegt, gut vermittelt wird. Während ich mir den Film anschaute, konnte ich die Tränen nicht zurückhalten.

Als der Film in den Kinos anlief, hatten wir noch einige Interviews. Wir freuen uns, wie unsere Geschichte auch weiterhin vielen zum Segen wird. Gott ist der eigentliche Held unserer Geschichte. Wir staunen immer wieder, wie er unsere Erlebnisse nutzt, um im Leben vieler anderer Menschen zu wirken.

Als unsere Geschichte im Frühling des Jahres 1996 zum ersten Mal nationales Interesse der *Los Angeles Times* und *Inside Edition* weckte, rieten uns viele Medienvertreter, jede Gelegenheit zu nutzen, unsere Erlebnisse zu erzählen. Denn wir würden sicher bald wieder in Vergessenheit geraten und die Anfragen würden versiegen. Doch das war ein Irrtum. Sechzehn Jahre später sahen Millionen von Menschen auf der ganzen Welt einen Film, der auf den Ereignissen beruht, die unser Leben für immer verändert haben.

Auch wenn wir uns selbst nie um Auftritte in Fernsehshows und Interviews bemüht haben, wurden wir noch vor der Ankündigung, dass der Film in die Kinos kommt, von Medienvertretern angesprochen. Die Menschen können anscheinend nicht genug bekommen von dieser Geschichte, und wir sind natürlich gern bereit, jederzeit überallhin zu reisen, um sie zu erzählen. Durch die Publicity der vergangenen Jahre haben Krickitt und ich auch Anfragen bekommen, in Kirchen, bei Ehevorbereitungskursen und anderen Veranstaltungen Vorträge zu halten. Keiner von uns hatte bisher vor einem Publikum gesprochen, aber wir waren bereit, uns der Herausforderung zu stellen und von dem zu erzählen, was Gott für uns getan hat.

Er hat unsere Gebete erhört und unsere Geschichte am Leben erhalten.

DANK

VON KIM

Im Leben werden wir immer wieder mit Widrigkeiten konfrontiert. In solchen Zeiten kommt unsere Kraft aus unserem Glauben an Gott. Unsere Familie und unsere Freunde stehen an unserer Seite und geben uns durch ihre Liebe und Unterstützung ein Gefühl der Stabilität. Ich möchte meinen Eltern Danny und „Moose" danken. Ihr habt mir während der schwierigsten Zeit meines Lebens gezeigt, wie man Treue lebt.

Kelly und Kirk, ich freue mich darauf, Zeit mit euch zu verbringen und in eurer Mitte alt zu werden, so wie wir als Kinder aufwuchsen. Ich bin dankbar für die Frauen an der Seite meiner Brüder. Ihr seid ein Segen, nicht nur für sie, sondern auch für den Namen Carpenter.

Und Krickitt, du bist mein Fels, der mich trägt durch dick und dünn und der mich auffängt, wenn ich stolpere.

Ich danke den Ärzten, Schwestern, Rettungssanitätern und den vielen anderen, die uns in dieser schwierigen Zeit unseres Lebens geholfen haben. Ihr werdet in unseren Erinnerungen immer lebendig bleiben.

Meinen Freunden und Kollegen. Ihr seid immer an

meiner Seite gewesen und habt mir viel Freude gebracht durch das Wissen, dass ihr zu uns gehört.

Und schließlich Danny und LeeAnn. Ihr seid die Freude meines Lebens. Ihr füllt mein Herz mit Wärme, weil ich weiß, dass ihr unser Vermächtnis nicht nur weitergeben werdet, sondern dass ihr für viele Menschen, denen ihr begegnet, ein Segen sein werdet. Haltet an euren Träumen fest und seid für andere da. Ich habe euch lieb. Nur durch euch bin ich ein ganzer Mensch.

VON KRICKITT

Das Leben ist ein Geschenk Gottes. Er ist unsere Zuflucht und Kraft in guten wie in schlechten Zeiten, in Krankheit und Gesundheit. Er hat uns gesegnet, weil er uns Menschen an die Seite gestellt hat, die eine wichtige Rolle in unserem Leben gespielt haben.

Ich danke meinen Eltern Gus und Mary Pappas für die unendliche Liebe, Unterstützung und Ermutigung, die ihr mir immer gezeigt habt. In euren mehr als fünfzig Ehejahren habt ihr gezeigt, was es heißt, ein Versprechen zu halten.

Meinem Bruder Jamey. Du bist wie kein anderer eine Burg der Kraft und des Wissens und bist ein Vorbild für mich in meinem Leben als Christ. Ich hab dich lieb, „Mamey".

Meinen Freundinnen Megan, Lisa, Katie, Heather und „Stussy" aus Südkalifornien. Ich danke euch, dass ihr mir geholfen habt zu lernen, was es bedeutet, Christ zu sein, und wie ich in meiner Beziehung zu Christus wachsen kann. Ihr seid für immer meine „Schwestern-Freundinnen".

Dolan, wir sind Mannschaftsgefährten, und unsere gemeinsame Zeit an der CSUF werde ich immer in guter Erinnerung behalten.

Dem Turnsport und meinen Trainern. Ihr habt mich gelehrt, hart zu arbeiten, weiterzumachen und auch trotz Schmerzen in den größten Herausforderungen durchzuhalten.

Ich möchte auch den Ärzten, Schwestern, Therapeuten und Physiotherapeuten danken, die mir das Leben gerettet und ihren wichtigen Beitrag zu meiner Genesung geleistet haben.

Meiner Familie, meiner Schwiegerfamilie, Freunden und der Stadt Las Vegas in New Mexico. Ihr habt mir gezeigt, was Freundschaft und Geben bedeutet. Dafür werde ich immer dankbar sein.

Meinem Mann Kimmer. Ich liebe dich mit einer ewigen Liebe. Am 18. September 1993 habe ich dir ein Versprechen gegeben. Danke, dass du an deinem Versprechen festgehalten und mich wie Jesus mit einer bedingungslosen Liebe geliebt hast. Du bist ein Fels und ein wirklich erstaunlicher Mensch. Du bist ein wundervoller Ehemann und Vater.

Meinen Kindern Danny und LeeAnn. Ihr seid für mich ein kostbares Geschenk vom Himmel. Ich liebe euch und bete, dass ihr Gott von ganzem Herzen suchen werdet. Er liebt euch in alle Ewigkeit.

Danke, Herr Jesus. Du bist der Grund, warum ich das Richtige getan und alles gegeben habe. Dir sei die Ehre und der Dank.

„Ich vermag alles durch den, der mich mächtig macht"
(Philipper 4,13).